JN141105

EQWELチャイルドアカデミー 主席研究員 工学博士
浦谷裕樹

子どもの未来が輝く「EQ力」

EQ力

プレジデント社

はじめに――子どもには「EQ力」を！

わが子を、社会で活躍する人材に育てよう

時代は変わりました。

ＡＩ（人工知能）技術の発達で、誰も経験したことのない、大きな変革期が訪れています。子どもたちは、この目の回るような時代の変化に適応し、力強く生きていかなければなりません。豊かで便利な世の中になった半面、これまで以上に、人としてのたくましさが求められるようにもなってきました。

今の日本はとても恵まれた国です。お金さえあれば、大人になっても、毎日ゲームをしながら、ほとんど家から出ることなく、コンビニのお弁当だけで生活することもできてしまいます。しかし、周りは待ってはくれないでしょう。

もし、これから数年の間、子どもが漠然と日々を過ごしてしまったら、あっ

という間に社会から取り残されてしまいます。誰にも必要とされず、ひっそりと生きていくことになるかもしれません。

いずれやってくる未来に活躍するのは、自分で目標を決め、自分の頭で考えて、仲間と協力しながら、課題を解決していくことのできる人です。ＡＩがいくら優秀でも、物事を決めたり、人を説得することには向きません。

30周年を迎えた、ＥＱＷＥＬ《イクウェル》チャイルドアカデミーでは、子どもたちの活躍する未来を見据えて、時代に合わせた「活きる力」を育て、磨くことを柱にしています。「活きる」とは、漠然と〝生きる〟ことではなく、自分の能力を〝活かし〟、社会の中で〝活躍する〟ことです。ＥＱＷＥＬのレッスンは、テストの数字で測ることのできる基礎的な学力はもちろん、数字にできないコミュニケーション力や努力し続ける力を養う時間でもあります。

このＥＱＷＥＬメソッドは、30年の歴史の中で生み出されました。本書は、答えのない時代に迷いながらも、なんとか「わが子を幸せにしたい」「漠然と生きるだけにはなってほしくない」、そう願う保護者の皆さまに、「これからの時代に必須の力を高める子育ての8つのメソッド」を提供するためのものです。

いま求められる、「EQ力／Emotional Intelligence Quotient」とは？

ＥＱＷＥＬチャイルドアカデミーの長い歴史の中で、活躍する子どもたちには共通の力があることがわかりました。それを、私たちは「ＥＱ力」と名づけました。ＥＱＷＥＬでは、特に「５つのＥＱ力」として「自己肯定感、やる気、共感、自制心、やり抜く力」を掲げています。

これらは感情をうまくコントロールしたり、周りと協調したりといった、筆記テストだけではわからない力で、最近では非認知能力とも呼ばれ、認知能力（ＩＱ）の対になる考え方です。

これまで、多くの幼児教室では、ＩＱを高める活動が中心でした。しかし、高いＩＱを活かすには、人間的な力、つまり「ＥＱ力」が不可欠なのです。

会社で、「あの人と一緒にチームを組むと、なんだかうまくいく」「あの人のアイディアってどこから出てくるんだろう」と感じた経験はないでしょうか。

頭が切れる人や、処理能力が高い人はもっとほかにもいるのに、会社に必要とされ、皆に頼られる人。これは、まさに「ＥＱ力」の高い人です。

アメリカのＩＢＭが開発した、スーパーコンピューター・ワトソンは、多くの医師よりも早く、正確に患者の病気を見抜き、最適な治療法を提案することができます。つまり、高ＩＱの代表格だった医師の仕事でさえ、部分的にはＡＩ搭載のコンピューターに奪われてしまっているのです。

単純な、ものを覚えるのが早い、計算が早い、データの並び替えが早いといった力は、確かに、生きていく上での基本的な能力ではあります。しかしながら、「それだけしかできない」のであれば、未来の社会で活躍できる大人になるのは、難しいでしょう。子どもたちに求められている力は、私たちが子どもだった時代からガラッと様変わりしてしまっているのです。

だからこそ、親世代にできるのは、自分たちが受けた教育の枠を超えて、新しい場所に飛び込むことです。人は、未知のものに遭遇したとき、怖気づいてしまい、考えるのをやめたり、批判したりしがちです。しかし、子どもたちの「ＥＱ力」を高めるために、まずは、親が相手を受け入れる力（これもＥＱ力）を発揮できるよう、少しだけ意識を変えてみましょう。

可能性は無限大！「EQ力」が備わった子どもの素敵な未来

後ほど紹介しますが、「EQ力」と自信（特に自己肯定感）には、重要なつながりがあります。EQWELチャイルドアカデミーの卒業生たちは、幼い頃から親の愛情を受けて、自分のことを好きになることができたため、成長してからも人生が輝いているのです。

「EQ力」が、活躍につながっている事例を少しだけ紹介します。

最近では、本田3姉妹の活躍が注目を集めています。フィギュアスケートの世界ジュニア選手権で金メダルを獲得した真凜《まりん》さんと妹の子役兼フィギュアスケーターの望結《みゆ》さん。一番下の紗来《さら》さんは、現在も教室に通っています。

ほかにも、水泳の日本代表として16歳でリオ・オリンピックに出場し、個人・団体合わせて21種目で日本記録（2018年8月時点）を持つ池江璃花子《りかこ》さん。

12歳でTOEIC920点、15歳で英検1級に合格。また、14歳のときに日本記憶力選手権で青年の部1位、成人の部でも3位に入賞した西口茉莉花《まりか》さん。

高校の3年間で国際物理オリンピックに3年連続で出場し、すべてで金メダルを獲得。最後の大会では世界一の成績を得て、文部科学省からも「日本人初の快挙」と評され、その後、推薦で東京大学に入学した渡邉明大《あきひろ》さん。

東京大学在学中に「ロボコン」で2連覇の立役者となり、大学院進学後は、人工知能（ＡＩ）研究で博士号を目指しつつ、学生起業もした日高雅俊《まさとし》さん。

国際教養大学を卒業後、世界一と称されるイギリスのオックスフォード大学院（合格率10％）に進学し、卒業したリベラトリわかなさん。

姉妹そろって、国立音楽大学でピアノを学び、卒業後プロのピアニストとして姉妹での連弾など、全国で活躍している上田麻リカ《まりか》さんと上田彩未《あやみ》さん。

4年間の大学生活の間に日本とアメリカの両方の学位を取得する傍ら、バイオリンでも数々の賞を獲得し、イギリスの大学院に進学した山口夏海《なつみ》さん。

このほかにも、たくさんのＥＱＷＥＬ卒業生が、世界中でさまざまな活躍をしています。

この本には、彼ら彼女らの成長を生み出した秘訣が記されています。子どもたちの素敵な未来を想像しながら、読み進めていきましょう。

目次

はじめに――子どもには「EQ力」を！

プロローグ――いい「子育て」、悪い「子育て」

第3章 「ほめ方」「叱り方」の方程式……メソッド3

第4章 「言葉かけ」の常識、非常識……メソッド4

プロローグ

いい「子育て」、悪い「子育て」

激変する「学力の3要素」。時代は、「IQよりEQ」へ

2020年の教育改革に向けて、文部科学省が一つの方向性を示しました。教育によって身につけるべき資質・能力として、新たな「学力の3要素」を発表したのです。

1. 知識および技能が習得されるようにすること（知識・技能）
2. 思考力、判断力、表現力を育成すること（思考力・判断力・表現力）
3. 学びに向かう力、人間性を涵養《かんよう》すること（学びに向かう力・人間性）

このうち、特に重要なのは、3つ目に示された「学びに向かう力・人間性」

です。

これまでの日本の教育は「知識・技能」に重きを置いていました。その代表的なものが、センター試験の実施で、高校3年生になると、その先をどう生きるかという重要な選択が、知識・技能のテストによって行われているのです。

しかし、すでに説明したように、試験に出るような単純な計算や暗記はＡＩが得意とするところ。そこで、文部科学省もＡＩ時代に活躍できる人間を育てるために、3の「学びに向かう力・人間性」を学習の柱に盛り込みました。

これは紛れもなく、「ＥＱ力」を構成する要素です。一方、知識・技能はいわゆるＩＱになります。２０２０年の教育改革では、現行のセンター試験にも変更が加えられます。また、すでに多くの大学や私立学校などの入学試験では、学力試験だけでなく、人間としての総合力を問うような課題が出されるようになってきているのです。

世の中は、間違いなくＩＱからＥＱへと舵を切りはじめました。

しかし、「ＥＱ力」を養うことは、一朝一夕でできるものではありません。親世代にできることはなんなのか、一緒に考えていきましょう。

「活きる力」が身につく、「EQ力」育成のためには?

活きる力、つまり社会で活躍するための力は、どうやったら身につくのでしょうか。結論からいうと、幼少期に親や周りが「どれだけ意識して子どもに有効な接し方をしてきたか」にかかっています。そのため、今、幼児教育の重要性は、世界的な関心事になっているといえるでしょう。

ノーベル経済学賞を受賞したアメリカ・シカゴ大学の経済学者ジェームズ・ヘックマン教授は、幼児教育に関する研究でも注目を集め、2つの指摘をしています。

1. 就学後の教育の効率性を決めるのは、就学前の子育て、保育の質である。

2. 家庭外の安定した大人との関係が、「非認知能力」の発達を補償する。

すなわち、家庭も含めて、その時期の子育て、保育の質が高ければ、学校に入ってからの教育効果が高まり、さらに、保育園や幼稚園、幼児教室といった家庭外の安定した大人と接する環境があると、「非認知能力（＝ＥＱ力）」の発達が補われるというのです。

ヘックマン教授が根拠とした調査は「ペリー就学前プロジェクト」と呼ばれる、幼児教育についての大規模な追跡調査でした。

プロジェクトは、１９６０年代に、3～4歳のアフリカ系アメリカ人を対象に行われました。２年間の幼児教育を受けた子どもたちと、受けなかった子どもたちを、その後40年にわたって調査しています。

その結果、幼児教育を受けた子どもたちの方が、40歳時点で学力や学歴、持ち家率、平均所得が高く、生活保護受給率や逮捕率が低いことがわかりました。

そのため、ヘックマン教授は、「子どもが成人後に成功するかどうかは、（非認知能力の成長が促される）幼少期の介入の質に大きく影響される」と結論づけているのです。子どもの「ＥＱ力」を伸ばす、いい子育ての最初の実践法は、「まずは幼児教育という選択肢を考えること」で、逆に、幼児期を漠然と過ごすようでは、残念ながら、「悪い子育て」だといわなければならないでしょう。

一流人を輩出する、幼児教室「EQWELチャイルドアカデミー」から学ぶ

「はじめに」でも紹介したように、ＥＱＷＥＬチャイルドアカデミーからは、実に多彩な人材が、毎年社会に羽ばたいていっています。その数は、30年間で、のべ25万人を超えました。

ＥＱＷＥＬチャイルドアカデミーの取り組みが、長年支持されてきた理由の一つに、最新の研究成果や専門家の知識を柔軟に取り入れながら、根拠に基づいた教育を実践してきたことがあります。

幼児教育に関しては、さまざまな考え方があります。一方で、子どもたちの個性も多種多様。そのため、他の家の子に効果があったものが、果たして自分の子どもにも効果があるのか、兄弟、姉妹でも効果の良し悪しが出てくるのではないかという不安は拭えないのではないでしょうか。

さらに、幼児期の教育が大切だといっても、その時期はあっという間に過ぎていってしまいます。

だからこそ、ＥＱＷＥＬチャイルドアカデミーは、科学を大切にしています。科学とはつまり、再現性があるということです。

レッスンでは、子どもたちの成長から、「この時期にやれる最善の活動」を提案していきます。そして、一つ一つの活動は、小手先のテクニックを用いたものではなく、「科学的な根拠を持ち、子どもの大きな〝成長戦略〟の中でこの位置を占めているんだ」という確信に基づいて行われるのです。

よい子育ては、目の前の成果に一喜一憂するものではありません。「この子が大人になったときに、自分の力で、仲間を見つけ、充実した人生を切り拓くことができるようになっているか」と考えて、じっくりと向き合いながら行うものです。

この本で紹介するメソッドは、すべての保護者の方に、「よい幼児教育とはどういったものか」という大きな視点での考え方や実践方法を伝えるために生まれました。よい子育ての軸ができてしまえば、その後は親としても自信を持って、子どもと接することができるようになります。親が迷ってあれやこれやと世話を焼くより、どっしり構えてぶれない姿勢でいることが大切です。

「EQ力」を育成する、「8つのメソッド」をマスターしよう！

ぶれることなく、子どもの「EQ力」を養うために、よい子育てを大きく捉える「8つのメソッド」を紹介していきます。順番に確認してみましょう。

1．子どもを「否定しない」

EQ力を育むには、子どもを受け入れることです。そうすることで、子どもの自信が育まれ、さまざまなことに自由にチャレンジできるようになります。

2．「夢中力」を育む

子どもは、夢中になると思わぬ力を発揮するようになります。何かに夢中になることは、それ自体がかけがえのない能力です。その育み方を学びましょう。

3．「ほめ方」「叱り方」のルールを知る

ほめ方、叱り方で、子どもの未来はガラッと変わります。特に、幼児期にはほめることで、あらゆる面をよい方向に伸ばすことも可能です。

4．適切な「言葉かけ」をする

やる気を促す言葉かけ、反省を促す言葉かけ、言葉かけは確信を持って行うべきです。ぶれることのない、正しい言葉かけの方法を学びましょう。

5. 「賢明な育て方」に挑戦する

子育てにおいては、賢明な育て方と呼ばれる方法が存在します。愛情を向けるだけでも、厳しく律するだけでも賢明とはいえません。

6. 「触れ合い」を効果的に使う

幼児期の子育てでは、触れ合いの効果が抜群に出ます。そして、その実践は、親の側にも、劇的なよい効果をもたらすのです。

7. 「やり抜く力」を育てる

困難に負けず、目の前の課題にチャレンジし続ける「やり抜く力」は、「ＥＱ力」の本丸。世界が注目する「やり抜く力」の養い方を紹介します。

8. 「率先垂範《そっせんすいはん》」の姿勢を学ぶ

子育てで、最も効果が高いのが「率先垂範」です。子どもは親の背中を見て育ちます。親がどういった態度で見本になればよいのかを学びましょう。

これからの章では、それぞれのメソッドを分解して、紹介していきます。

楽しい子育て８か条

ＥＱＷＥＬチャイルドアカデミーでは、子どもを認めて愛情を注ぐための技術として、「楽しい子育て8か条」を提唱しています。親子関係に問題があったり、自分の子育てに確信が持てなかったりするときは、この8つのポイントのどこかにトラブルが生じている可能性があります。逆に、この8つを心がけるだけでも、親子関係がよくなり、子どもの心と才能を豊かに引き出すことができます。

楽しい子育て８か条 「うまくここちよく」

楽しい子育て1	う	生まれてきてくれたことに感謝する
楽しい子育て2	ま	毎日の変化と成長を楽しむ
楽しい子育て3	く	比べない
楽しい子育て4	こ	心と体と脳をバランスよく育てる
楽しい子育て5	こ	子どもの未来を明確にイメージする
楽しい子育て6	ち	ちょうど良い加減に関わる
楽しい子育て7	よ	良いところをいつもさがす
楽しい子育て8	く	繰り返し愛を伝える

第1章

「EQ力」を高める！
メソッド1／天才を育てるためには……

子どもを「否定しない」

01 丸ごと受け止めると、どこまでも成長する

「子どもの個性を受け入れて否定しないこと」。それこそが、子どもたちの「EQ力」を育み、大きな成長を呼び起こします。

ずっと一人遊びを続ける子、「やりたい！」という割にすぐに飽きてしまう子、熱中しだすとそれ以外が疎かになる子など、「この子は他の子よりも成長が遅れているのかも」「このままだと、将来、本人が苦労するはず」と不安になる保護者の方は大勢います。親として、心配することは本当に大切です。

ただ、そのせいで、「この子は何をやってもダメなんだ」と、個性や可能性を否定してしまわないように気をつけましょう。子どもは、親が自分に向ける視線や言葉から、自分が愛されているかを鋭く感じ取ります。のびのび成長する上で、親との関係は、安心できるものでなければなりません。

イギリスの児童精神科医であるジョン・ボウルビィ博士が提唱した「アタッチメント理論」によれば、特に母親には子どもにとっての安全地帯のような役

割があります。子どもたちは、そこで安らぎとエネルギーを蓄え、自然と安全地帯の外にあるいろいろなことに挑戦することができるようになるのです。つまり、新たなことにチャレンジし、集中して、あきらめずにやり通すには、すべての面で親に受け入れられ、安心できる状態でなければなりません。

ＥＱＷＥＬチャイルドアカデミー卒業生の丸本崇博《たかひろ》さんは、両親から個性を受け入れてもらって育てられたおかげで、自信と才能がぐんぐん伸びた様子がよくわかる一人です。崇博さんは、競技ダンスの選手で、1歳から12歳まで教室に通っていました。学生時代には全国大会での優勝をはじめ、順調に成績を残し、現在は一流のダンサーとして大会に出たり、後進を育てたりしています。

崇博さんの話を聞くと、自己肯定感がしっかりと育っている様子が伝わってきます。「幼い頃から自分に自信を持てて、ポジティブなイメージしか湧いてこない」「両親は、子どもの頃から僕の見ているもの、感じているものを一切否定せずに信じてくれ、思うように行動させてくれました」と本人。崇博さんの両親のように、子どもを丸ごと認めることができれば、子どもは自信を持って、好奇心を感じたことに主体的に取り組むようになります。

母親は子どもの安全地帯

子どもにとって、母親の存在はいつでも立ち寄れる
安全な場所。だからのびのびと成長できるのです。

母親のもとで
エネルギーを蓄える。

母親のそばを離れて、
いろいろなことに挑戦。

失敗したり、泣くことが
あったり……。

01

Point

ポイント

□ 親に丸ごと受け入れてもらった子どもは、自信が育まれ、あらゆる場面でポジティブな感情を持つことができる。

□ 親が、子どもにとっての安全地帯になれば、子どもは好きなことにのびのびと挑戦できるようになる。

02

短所とは、どう向き合うか？

子どものことを丸ごと受け入れるためには、子どもの短所とも向き合わなければなりません。「短所のない人間はいない」。頭ではわかっていても、子どものことを思えば、「直した方がよいところ」「将来苦労しそうなクセ」などが目につき、ついつい口うるさく注意してしまうものです。しかし、そうすると、子どもにとって親との関係は息苦しいものになってしまい、のびのびと成長することができなくなってしまいます。子どものことを否定せず、受け入れるために、親は子どもの短所とどう向き合えばよいのでしょうか。

その方法を知るために、まずは、簡単な思考実験をしてみましょう。

実験は2つの課題からなっています。早速やってみましょう。

【課題1】「シロクマ」を想像してください。

できましたか？ そのまま、次の課題に移ります。

【課題2】これから15秒間、「シロクマ」のことだけは考えないでください。

いかがでしたか？

想像しないでいようと思えば思うほど、「シロクマ」が思い浮かんでしまったのではないでしょうか。これは「シロクマの思考実験」といわれる、心理学の実験です。この実験からは、「ある考えを無理に抑えようとすると、人はかえってその考えに取り憑かれてしまう」ということがわかります。

子どもの短所に対しても、同じことがいえます。「見ないようにする」「無視する」といったやり方では、逆に、その短所のことばかりが気になってしまう結果になるのです。

だから、子どもの短所に向き合うときは、見ないようにするのではなく、一度受け止めるようにしましょう。「この子にはこういうところがあるんだ」と、受け止めた上で、気にしない。受け流すのがポイントです。

子どもの頃の悪癖が、ずっと直らないとはかぎりません。それよりも、子どもの短所ばかりが気になり、ついつい子どもを否定的に捉えてしまうことの方が、子どもの未来に暗い影を落とすことになるのではないでしょうか。子どものためを思えば、「受け止める」「受け流す」ことを身につけましょう。

短所との正しい向き合い方

子どもの短所を目にしたとき、
あなたはどういう反応をしますか？ 振り返ってみましょう。

Q あなたはどっち？

まだ子どもだし、遊びたい盛りよね。
もう少し大きくなったら、一緒に
お片づけの仕方を考えてあげよう。

またこんなに散らかして！
いつもじゃない！
もういい加減にしてよね。

02

Point

ポイント

□ 短所を「無視しよう、気にしないようにしよう」と思うと、さらに気になり出してしまう。

□ 子どもの短所を否定したり拒絶したりするのではなく、「受け止めて」「受け流す」ようにする。

03 子どもの短所が気にならなくなる「長所伸展法」

子どもの短所をすぐに受け流すのは難しいでしょう。

そこで取り入れたいのが、子どもに対する見方を少し変えるだけで、子どもの長所が伸びていき、短所が気にならなくなる「長所伸展法」です。

34ページを開いて、「〇」が並んだ図をよく見てみましょう。たくさんの「〇」の中に、一つだけ「C」があります。

あなたはどこが一番印象に残りましたか？

「〇」がたくさんあるのに、なぜか「C」にばかり目がいってしまったのではないでしょうか。子どもを見るときも、同じようにしてしまいがちです。

次に、「〇がたくさんある」という思いで、もう一度、図を見てみましょう。

すると、「C」も目に入るけれど、気にならなくなってきます。このように、子どもの短所を受け流すには、他のよいところに目を向ければよいのです。

この章の最初で紹介したように、周りの大人に、自分のよい面を見てもらっ

03

て、認めてもらった子どもは、その部分がどんどん伸びていきます。

例えば、ぐずぐずした面はあるけれど、愛らしくてかわいい子がいたとします。もし、ぐずぐずしているところばかり注目していたら、いずれ「あの子はだらしない子」というイメージが、周りにも本人にも定着してしまいます。すると、「ピグマリオン効果」(第4章参照)がマイナスに働き、本人は、ますますぐずぐずした子になり、せっかくの愛らしさも、それを隠すための仮面のように感じてしまうようになるでしょう。

ところが、もし愛らしい面にずっと注目し続けたら、「愛らしい子」というイメージがつくられ、その子はますます愛らしくなり、ぐずぐずしたところも、愛らしさの一つとして受け入れられるようになっていきます。

見方を変えるだけで、長所が伸びるとともに、短所は気にならなくなり、その結果、子どもを丸ごと受け止められるようになるのです。

大きな長所は短所を隠してくれます。親がしてあげるべきは、短所を直すことではなく、長所に気づき、そこに注目してあげることなのです。子どもの長所に目を向け、長所を伸ばす「長所伸展法」を実践しましょう。

長所と短所、どちらに目を向けるか？

短所ばかりが目につくときは、
見方を変える練習をしてみましょう。

Q 次の図を見てみましょう。あなたは何が気になりますか？

Q あなたはどっち？

03

Point

ポイント

☐ 受け流すコツは、子どもの短所ではなく長所に気づき、注目すること。

☐ 周りの大人に長所を認めてもらえれば、子どもの力はどんどん成長する。

04

「認める力」がメキメキ上がる、「まあ、いいか」のひと言

子どものことを丸ごと受け入れることは、頭でわかっていても、難しく感じるでしょう。それもそのはず、「あれがダメ」「これがダメ」という考え方は、見方を変えれば、子どもを心配しているから生じるものです。それに、自分たちの世代が子どもだった頃は、「悪いクセは厳しく叱って強制的に直すこと」が、普通の子育てでした。しかし、それでは「ＥＱ力」を育てることはできません。まずは何よりも認めることが大切です。

そこで、親の「認める力」を上げるのが、「まあ、いいか」という言葉です。「まあ、いいか」と思うと、一瞬にして「あきらめ」がつきます。「あきらめる」と聞くと悪いことのように感じられますが、実は「あきらめる」には、本来、「明らめる」、すなわち「明らかにする」という意味が込められています。

「まあ、いいか」と口に出すことで、肩の力が抜け、視野を広げることができるのです。「まあ、いいか」には、子どもの短所がその子のすべての要素の中

の一部であることを「明らめて」、受け入れられるようにする力があります。

また、「まあ、いいか」は、心の底からそう思えると、子どもを客観視できるようになる魔法の言葉でもあります。

口に出せば、「まだ幼いのだから、こういう面もあるわよね」「この子も人間だし、よい面も悪い面もあって当然よね」と、その子を丸ごと認めて受け入れられるようになるでしょう。

このように、「まあ、いいか」は、子どものマイナス面が気になったときに気持ちを切り替えて、短所を認め、受け入れることに効果を発揮するのです。

さらには、子どものみならず、あらゆる人間関係や想定していなかった出来事が起こったときにも活用できるパワフルな言葉でもあります。イライラしたときや、マイナス思考が頭の中でぐるぐる回って止まらないときには、ため息をついて、「まあ、いいか！」と声に出すとイライラが和らぎ、マイナス思考を弱めることができます。親が暗い顔をしていては、子どもも笑顔にはなれません。仕事で疲れたとき、子育てのプレッシャーに押しつぶされそうなとき、「まあ、いいか」のひと言で、自分をねぎらってあげましょう。

「まあ、いいか」の本当の意味

子どものすべてを受け入れるには、
「まあ、いいか」と「明らめる」ことが必要です。

「まあ、いいか」

← あきらめの気持ち

← 漢字にすると「明らめる」

← つまり、子どものよさが「明らかになる！」

04

Point

ポイント

□「まあ、いいか」のひと言で、子どもを受け入れ、客観視できるようになる。

□プレッシャーがかかるときも、「まあ、いいか」と自分をねぎらおう。

05

親子の関係を映し出す、「鏡の法則」

脳には、ミラーニューロンと呼ばれる「共感」のもととなる神経細胞があります。この働きで、他人の行為を観察しているとき、人は脳内で、同じ体験をすることができます。また、ミラーニューロンがあるおかげで、私たちは相手の行為や意図、感情などを理解できることがわかってきました。ミラーニューロンは学習能力の基本であり、さまざまなコミュニケーションや人間関係を助ける橋渡し役になっていると考えられています。

一方、ミラーニューロンがあるために、子どもがしていることを見ると、まるで自分がその行為をしているように感じてしまいます。だから、自分が「してはいけない」と思っていることを子どもがすると、親はまるで自分のことのように、「何とかしなければ」と、イライラしてしまうのです。

２００６年に出版され、ベストセラーになった『鏡の法則』では、「現実に起きる出来事は、一つの『結果』だが、その『結果』には必ず『原因』があり、

05

その『原因』は心の中にある。つまり、あなたの目の前に広がる現実は、あなたの心を映し出した鏡である。だから、人生の問題を根本的に解決するには、自分の心の中の原因を解消する必要がある」と、述べられています。これは、まさにミラーニューロンについて語っていると考えてよいでしょう。

この仮定をもとにすると、誰かを「許せない」と心の中で責めているときは、自分の心の中に「許せない」部分があるということになります。「誰かを許せない」ということは、結局は「自分を許せない」ということになり、その誰かを思い出すたびに、自分の心の中の嫌な部分を思い出し、落ち着かなくなったりイライラしたりするのです。それでは、いつも安らぎがなく、リラックスできず、心と体のどこかに緊張感がある状態が続き、何かしらの問題を引き起こしやすくなります。

親子の関係でも同じです。子どもがやっていることにイライラするのは、自分の中にも同じようなイライラの原因があるからなのです。「子どものことを受け入れるのが難しい」と感じる人は、一度、自分を受け入れてみましょう。そうすると、子どもにも優しく向き合うことができます。

子どもの行動を受け入れる3ステップ

どうしても子どものことが許せそうにないときは、
このワークを試してみましょう。心が軽くなります。

STEP 1

子どもがなぜそういった行動を取ったのか、
理由に思いを巡らせる。

例）「きっと、嫌なことを思い出したのね」

STEP 2

子どもゆえの不器用さ、
未熟さを弱さとして認める。

例）「まだ小さいのだもの。
感情を抑えるのは難しいのよね」

STEP 3

子どもへ共感を示す言葉を、
実際に口に出してつぶやいてみる。

例）「嫌なことから逃げようとするのは、
大人も子どもも一緒だよね。
あなたも、苦痛から逃げ出したかったのね」

05

Point

ポイント

□ ミラーニューロンによって、子どものやっていることが自分のことのように思えて、イライラする場合もある。

□ 自分を受け入れることで、子どもを受け入れる準備が整う。

子どもの本音を引き出す「繰り返し問答法」

子どもの才能を引き出すには、まず子どもに共感することが大切です。その共感を深める最適な方法の一つが「繰り返し問答法」です。

共感の持つ力については、はじめて注射を受けて泣いている赤ちゃんを対象に、つき添った母親の対応と、その後の赤ちゃんの反応を調べた研究があります。この研究では、注射後の赤ちゃんに、母親が3種類の対応をしました。まずは、「表情を変えずに『大丈夫よ』といって気をそらせる」。次に『痛かったのね』といってから、『大丈夫よ』と気持ちをなだめる」。最後に、「母親もひたすら動揺し、慌てふためく」の3種類です。すると、2つ目の方法が、最も早く赤ちゃんが泣きやむことがわかりました。つまり、気をそらせようとしたり、一緒になって動揺したりするよりも、優しく共感した後になだめることで赤ちゃんの心は落ち着き、安心するのです。

さて、共感を深める「繰り返し問答法」は、カウンセリングで使われている手法を、子ども向けにアレンジしたものです。子どもの話を聞き、聞いたことを一度繰り返した後に一つだけ質問を加えて、さらに詳しい話を聞く。これを繰り返すことで、深いコミュニケーションをとることができます。

例えば、次のようになります。

Column

Aちゃんが幼稚園から帰ってきたときに、「今日はどうだった」と尋ねると、「今日、Bちゃんとケンカしちゃったの」と答えました。

そのときに「えっ！ Bちゃんとケンカしたの！ ダメじゃない！ いつも『ケンカしてはいけません』といっているでしょ！」と怒ってはいけません。

怒って説教をすると、子どもは心を閉ざして、それ以上話してくれなくなります。だから、怒るのではなく「そう、Bちゃんとケンカしちゃったんだ。どうしてBちゃんとケンカしたの？」と、いったんAちゃんの話を受け止めてから一つだけ質問を加えます。

すると、Aちゃんは「私、Bちゃんのことをたたいちゃったの……」と答えました。

その返事を聞いて、「なに！ Bちゃんのことたたいたの!? あなたが悪いんじゃない！ ケンカは先に手を出した方が悪いのよ！」と怒り狂ってはいけません。

そうではなく、「そう、Bちゃんのことをたたいちゃったのね。どうして、たたいちゃったの？」と冷静に受け止めてから、次の質問をします。

そうしたら、Aちゃんは「Bちゃんがね、Cちゃんのおもちゃ取り上げちゃったの。だから『いじわるはダメ！』っておもちゃ取ろうとしたら……Bちゃんのことたたいちゃったの……」と答えました。

その後もよくよく話を聞くと、おもちゃを取り返そうとしたときに、誤って手が当たってしまったとのこと。
「今度からはBちゃんの話をよく聞いて、優しく返してもらおうね」とアドバイスしつつも、Aちゃんの成長を感じることができました。

これがもし、Aちゃんの最初のひと言で怒ってしまい、その後の話を聞かなかったらどうなるでしょう。Aちゃんは、「ママに話したら、また怒られるかも」と、もうその後は、幼稚園であった本当の出来事を話してくれなくなるかもしれません。

子どもを認め、共感し、一体感を深めるには、子どもの話を聞くことが最初の一歩となります。相手のことを知り、理解することは、相手を尊重して、ますます好きになることにつながります。話をしっかりと聞いてあげると、子どもは心がやすらぎ、安心して好きなことに打ち込めるようになるのです。

実際に、現役東大生174名を対象にした調査（雑誌「プレジデント ファミリー2016年秋号」）で、小学生時代に「親がしっかり話を聞いてくれたか」という質問には、95％が「しっかりと話を聞いてくれた」と答えています。親が子どもに丁寧に向き合って話を聞くことで、安心して勉強に打ち込む素地ができたのだと考えられます。子どもの本音を引き出し、共感して一体感を深めたいときには、この「繰り返し問答法」を活用しましょう。

第2章

「EQ力」を高める！
メソッド2／才能をぐんぐん伸ばす……

「夢中力」の育み方

01

能力を開花させる「好奇心の芽」

子どもの能力が最も伸びるのは、「好奇心」を感じた瞬間です。

いつまでもおもちゃを離さない。ティッシュペーパーを延々と引っぱり出し続ける。「なんで、なんで」攻撃が鳴りやまない……。親としては大変です。しかし、それがどんなことでも、「子どもが自分で『知りたい、やりたい』と思ったその瞬間にこそ、能力がぐんぐん伸びている」と聞くとどうでしょうか。

東北大学の瀧靖之《たきやすゆき》教授は、のべ16万人の脳画像を見てきた中で「どのように育った子どもが賢くなるのか」を調べました。そして、「子どもを賢く育てる秘訣は好奇心にある」という結論にいたりました。瀧教授は、子どもの脳を「好奇心たっぷりの脳」に育てる秘密道具として、「図鑑」を挙げています。

本を読むときには、脳の中の「言語野」と呼ばれる、話す、書く、読むといった能力を司る部位が活性化します。さらに、豊富な写真やイラストを見ることで、図形の認識や空間認知を担う脳の部位も、活性化するのです。脳への刺激

01

という面だけで考えても「図鑑は子どもの成長によい」といえるでしょう。

さらに、子どもが図鑑で得た「知識」とそれ以外の「リアルな体験」とを、親が結びつけてあげると、子どもの好奇心はふくらんでいきます。子どもが乗り物図鑑で電車に興味を持ったら、実物を見に駅や鉄道博物館へ連れて行く。公園で花を見つけたら、図鑑でその花を一緒に探してみる。伸びる子の親は子どもの好奇心を伸ばすのがうまいのです。

記憶の研究で有名な東京大学の池谷裕二《いけがやゆうじ》教授は「興味・好奇心があると、楽に覚えられる」といいます。脳内で記憶のカギをにぎる「海馬」は、興味を感じたときに「シータ波」という脳波を発生させます。シータ波が出ている海馬は、少ない刺激でも活性化して、記憶が定着しやすくなるのです。うまく刺激すると、なんと10分の1の刺激で活性化するとのこと。これはすなわち、「興味・好奇心があることは10倍記憶に定着しやすい」ということです。好きなドラマの内容は1回見ただけでストーリーを完全に覚えているのに、興味のないドキュメンタリーは全然記憶に残っていない、ということはありませんか。脳は「興味・好奇心」があることには記憶力が高まるようにできているのです。

図鑑は最高の教材

大きな絵や写真、文字が並ぶ図鑑は
子どものさまざまな能力を伸ばします。

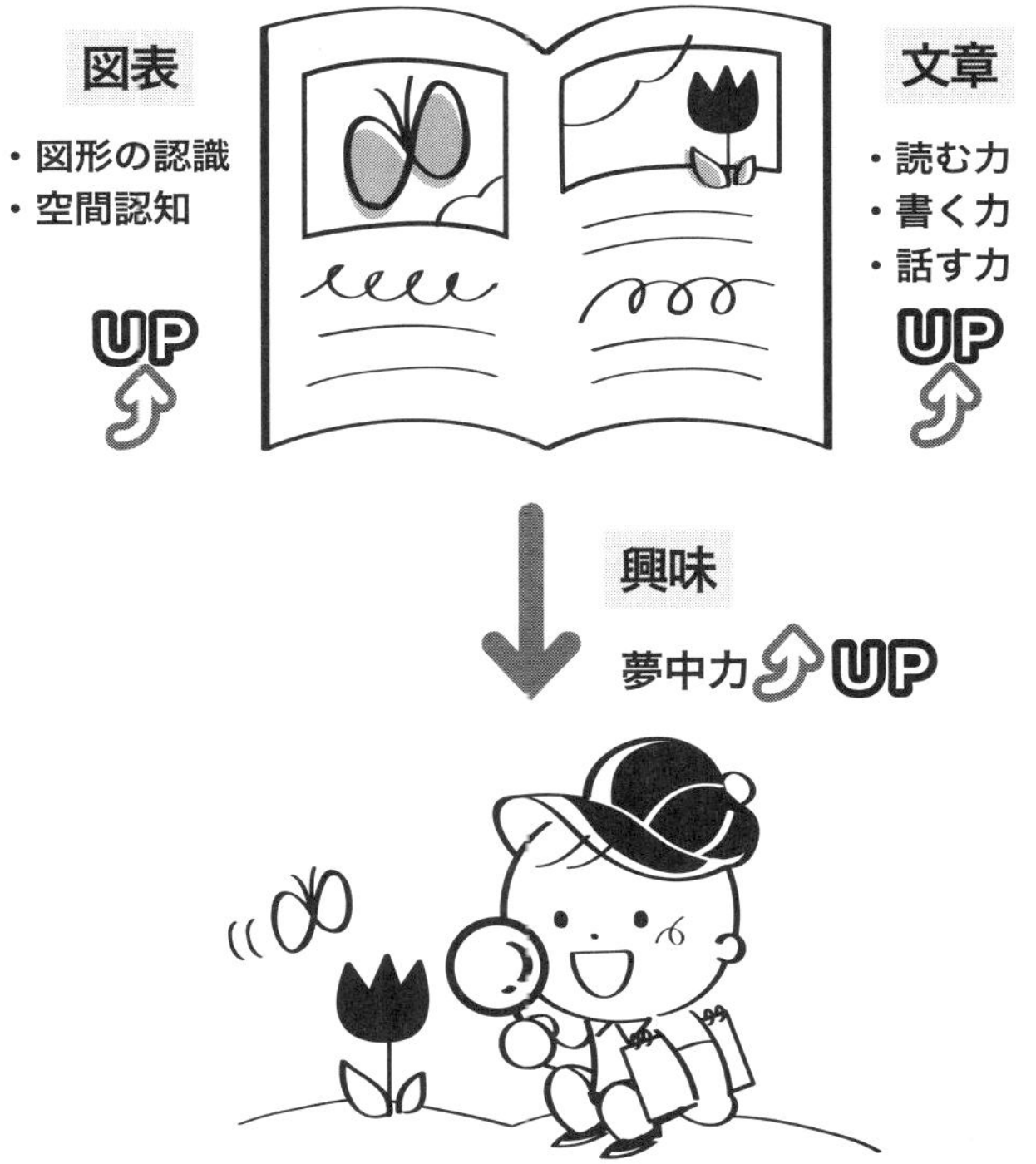

01

Point

ポイント

□ 子どもの能力は、「好奇心」を感じているときにぐんぐん伸びており、文字と絵や写真で刺激する図鑑は、好奇心の芽を育むのに最適である。

□ 好奇心を感じて取り組んでいることは、驚くほど記憶に定着しやすくなる。

02

興味を持つことを、トコトンやらせる

子どもの「やりたい」と思う自主性と好奇心を尊重し、夢中になっていることに没頭できる環境を周りが整える。すると、集中力・記憶力・直感力（感性）といった才能はぐんぐん伸びていきます。

ＥＱＷＥＬチャイルドアカデミー卒業生の日高雅俊さんは、東京大学在学中にロボット競技大会「ロボコン」で2年連続日本チャンピオンとなり、世界大会で最も名誉ある「ロボコン大賞」を受賞しました。現在は大学院で人工知能（ＡＩ）研究の博士号を目指しつつ、研究を応用し学生起業もしています。

この原動力はどうやって培われたのでしょうか。次の話に秘密があります。

幼少期、プラレールが好きだった雅俊さん。お母さんは「掃除ができないから片づけて」といいたくなるのを抑えて、満足するまで何日も、雅俊さんが広げた線路をつなぎっぱなしにさせてあげたそうです。もちろん、イライラすることもあったそうですが、そのままにしておいたおかげで立派なものができあがり、お母さんは、「子どもの興味をしっかりキャッチして、のびのびさせてあげることの大切さ」を実感したのだと教えてくれました。

　後年、雅俊さんも「プラレール遊びに夢中になったことで、集中力が養われたのだと思います。好きなことをやり続けられる環境を与えてもらえて、母には本当に感謝しています」と語りました。

「興味・好奇心」があることをできるだけ続けさせてあげると、夢中になって取り組む力、「夢中力（ハマる力）」が磨かれます。文部科学大臣補佐官の鈴木寛《かん》氏は、この「夢中力」を、文部科学省が目標とする学力の3要素（P14参照）に、もう一つの要素としてつけ加えたいといっています。「夢中力」を持った子どもの方が、そうでない子よりも、独創性を磨ける可能性が高いからです。

　誰がやっても同じ結果が出ることは、どんどんＡＩに取って代わられるようになります。そんな中、人間に残されるのは、他の人に代わりが務まらないこと、すなわち独創性が高いことです。その独創性を伸ばすには、「夢中力」を磨くことが肝心です。「夢中力」を磨くと、意欲と創造力が増し、心と才能がますます豊かに花開いていくのです。

夢中力が育った子どもの明るい未来

興味があることは楽しんで取り組めます。
そして、夢中力を育み、将来の活躍につながります。

楽しみながら全力で取り組む。

夢中力がどんどん育つ。

社会に出て大活躍！

02

Point

ポイント

□ 親は、子どもが夢中になっていることに、全力で取り組めるように環境を整える。

□ 「夢中力（ハマる力）」が育てば、時代の変化に負けない独創性が養われる。

03

行動を練達させる、「強化学習」のサイクルとは？

先に紹介した日高雅俊さんのように、何かに没頭して夢中になるには、やりたいことを続けられる環境を整えるとともに、親や先生など、周りの大人からの働きかけも必要になります。方法はいくつもありますが、最も効果があって、簡単に実践できる働きかけの一つが「ほめる」ことです。

第2章で、否定しないことを学びましたが、そこからさらに一歩進み、子どもの夢中力を育むには、的確な「ほめ」を実践していけばよいのです。ほめることは、脳科学の観点から、非常に高い学習効果を期待できることがわかっています。例えば、運動をするときのことを考えてみましょう。

「運動をする↓試行錯誤してうまくいく↓上達する↓ほめられる（達成感、報酬を得る）↓ドーパミンが放出される（快感を得る）↓運動と快感が結びつく↓運動をしたくなる↓運動をする」

このように、人間の脳は、「何かした後に、ドーパミン（報酬を表す物質）が放出されると、その行動を繰り返したくなる」という性質を持っています。

つまり、「何かをする→ほめる」を繰り返すと、脳内には、その行動に対する強固な回路がつくられていき、やがて練達していくことになるのです。このプロセスは「強化学習」と呼ばれており、繰り返すことで強化学習のサイクルができていきます。強化学習のサイクルを鍛えるには、達成感を得なければなりません。自分一人で達成感を得ることもできますが、周りの人から「ほめられる」と、その達成感はますます大きなものになります。

特に、子どもの場合は、「誰かにほめられたい」という気持ちを強く持っているので、ほめてもらえると、自信を持って、楽しみながらどんどん上手になっていきます。運動だけでなく、勉強や芸術、お手伝い、友達との遊びでも構いません。ほめてあげることで、その行動に対する強化学習のサイクルは強固になっていくのです。

「ほめる」ことには強化学習を回す以外にもよいことがたくさんあります。子どもを「ほめる」と、子どもは親に心を開いて、素直にいうことに従い、家庭を楽しく愛にあふれたものにしてくれるのです。

「強化学習」のサイクル

学びと成長の好循環をつくるには、
しっかりとほめることが大切です。

何かをする

↙

うまくいく

↓

上達する

↓

ほめられる

→

ドーパミンが放出される
（快感を得る）

↑

活動と快感が
結びつく

↑

活動をしたくなる

↖

何かをする

ほめられると、その活動を繰り返したくなります。

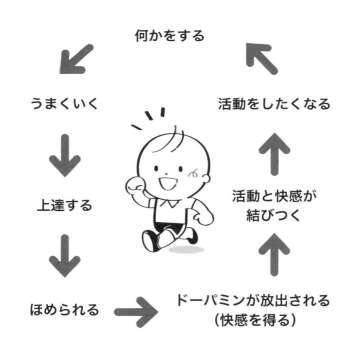

03

Point

ポイント

□子どもを夢中にさせるには、ほめることが効果的。

□「何かをする→ほめる」を繰り返すことで、「強化学習」のサイクルが強固になり、行動が練達されていく。

04

「ほめて伸ばす」の科学的妥当性

よくいわれるこの言葉ですが、生理学研究所の定藤規弘《さだとうのりひろ》教授のグループが行った、「ほめる」行為がもたらす能力面の効果に関する実験によって、実は、科学的に正しいことがわかってきました。

その実験は、参加者がパソコンのキーボードを打つ練習をした後、テストを行い、その結果を伝えるときに3つのグループにわけて、それぞれ異なる方法で成績を発表するという内容です。

1つ目のグループに所属する人には、「あなたの結果はすばらしかった」と伝えました。例えば、実験参加者の名前が佐藤さんだった場合、「佐藤さんの成績はとてもよかったですよ」と伝えます。

2つ目のグループには、「他の人の結果はすばらしかった」と伝えました。前述の例でいえば、佐藤さんに「同じ試験を受けた田中さんの成績はとてもよかったですよ」と伝えたのです。

04

3つ目のグループには、テスト結果の数値だけを伝えました。誰であれ、「あなたの結果は35点でした」というように、ほめることはせずに成績の数字だけを伝えるようにしたのです。

その翌日、実験参加者たちは抜き打ちテストを受けさせられます。前日と同じ形式のテストを、何の予告もなしに受けたのです。すると、1つ目の「本人がほめられた」グループだけ、他の2つのグループに比べて、平均点が統計的にみて明らかに高くなりました。

この結果を受けて、定藤教授の研究グループは、「自分がほめられる」ことで、記憶の定着がよくなったのだと指摘しています。特に、学習やスポーツ、ピアノなど、動作を伴う練習をしたのちにほめられると、記憶に残りやすい"能力として定着しやすい、ということです。

定藤教授は『ほめて伸ばす』という標語に科学的妥当性を提示できた」といっています。

料理に隠し味を加えると、グッとおいしくなるように、何かをした後にほめられると、その効果がグッと高まるのです。

「ほめて伸ばす」を科学してみよう

**能力を伸ばすには、しっかりと
本人をほめてあげましょう。**

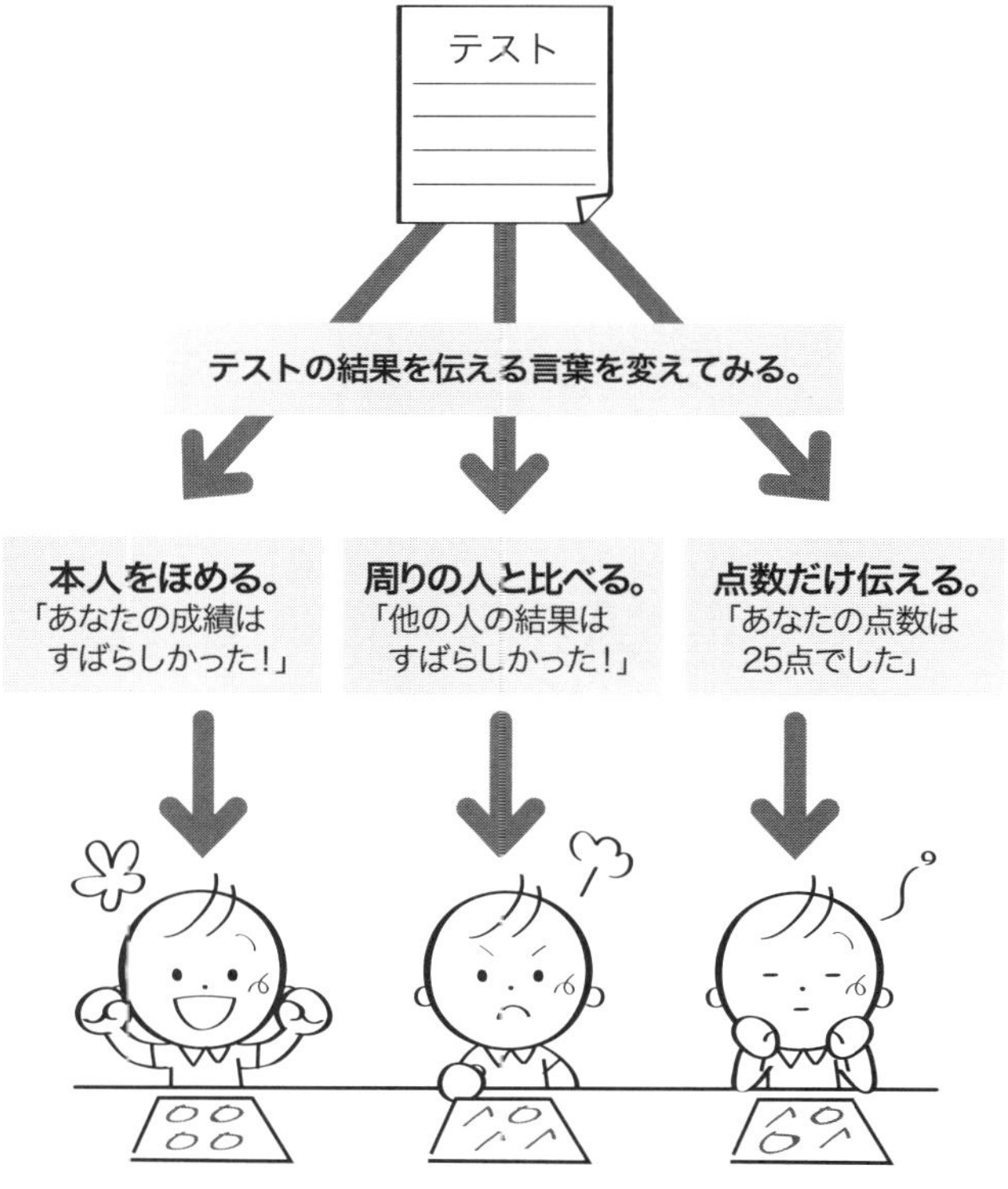
テスト
テストの結果を伝える言葉を変えてみる。
本人をほめる。
「あなたの成績は
すばらしかった！」
周りの人と比べる。
「他の人の結果は
すばらしかった！」
点数だけ伝える。
「あなたの点数は
25点でした」

ほめ方の違いで、その次のテストの成績も変わってくる。

04

Point

ポイント

□「ほめて伸ばす」の妥当性は、科学的に証明されている。

□動作（練習）の後にほめられると、記憶に残りやすく、自分の能力として定着しやすい。

05
社会性を育てる、「ほめ育て」の効果

さらに、乳幼児期に子どもをほめると、発達が促進されるという研究報告もあります。

筑波大学の安梅《あんめ》勅江《ときえ》教授が率いた、子どもの発達についての研究では、0歳児４００名とその母親を4年間、追跡調査しました。その結果、親から継続的にほめられている子どもたちは1歳半、2歳半、3歳半時点での調査で、社会能力の発達がよい「安定群」に属していて、ほめられていなかった場合には、発達が緩やかな「ゆっくり群」に属していることがわかったのです。

この結果は、親との関係が良好で、ほめられ続けている子どもは、早い段階で、心のコントロールができるようになることを示しています。ちなみに、ここでいう社会能力とは、「主体性」「応答性」「共感性」「運動制御」「感情制御」を指しています。また、興味深いことに、4～9ヵ月の赤ちゃん期に、実際の行動ではなくても「ほめることが大切だ」と母親が考え続けていた場合、3歳半のときの子どもの社会能力の発達によい影響があったとのことです。これは、まずは「ほめることが大切だ」と知っていること、そして、そう思い続けるだけでも、子どもの社会能力の発達がよくなることを示しています。

ほめられる経験は「言語的報酬」と呼ばれていて、小学生を対象とした国内の研究では、親からポジティブなほめ言葉を多く受け取り、ネガティブな言葉を受ける経験が少なかった子どもたちは、自尊心が高いこともわかっています。ほめられて自尊心が育った子どもたちは次のようなメリットが得られることも、すでにたくさんの研究で明らかにされています。

1．幸福感
2．ストレスや逆境においての緩衝力
3．抑うつ症状の防止

夢中力を育む「ほめ育て」ですが、子どもの心も能力もよりよく成長させることは科学的に確からしいことだといえるのです。

ほめると社会性が育つ

**幼少期にしっかりとほめてもらったかどうかで
社会性の発達には大きな差が生まれます。**

ほめられた子　＝　安定群

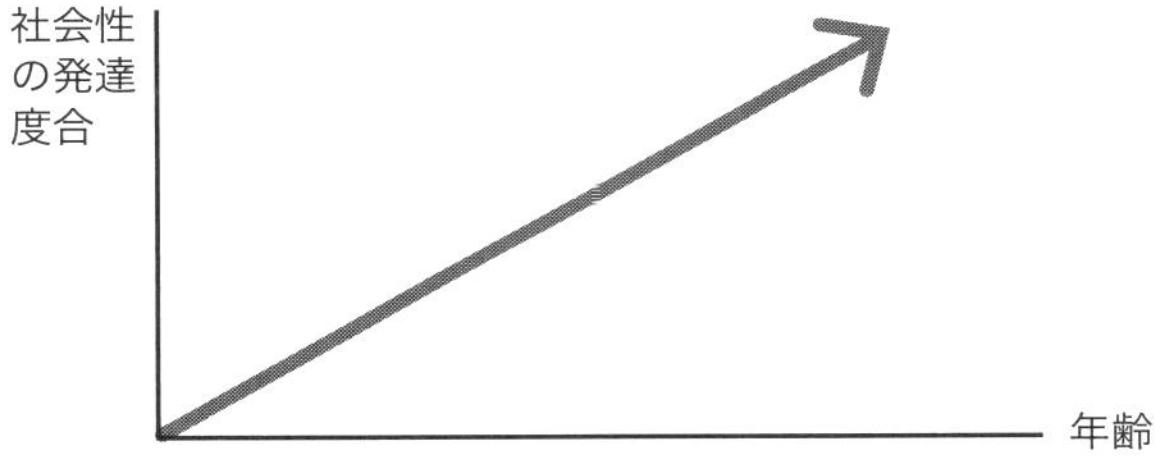

ほめられなかった子　＝　ゆっくり群

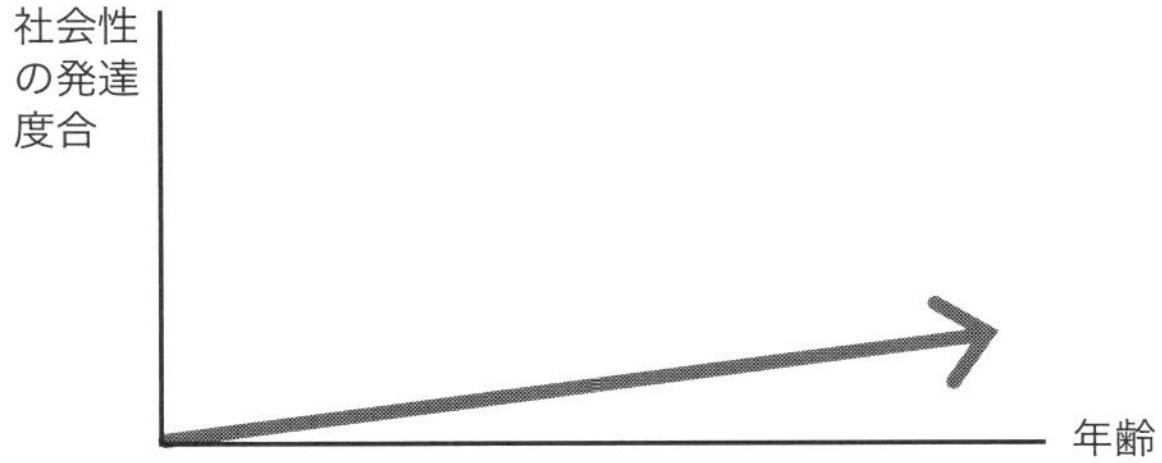

※グラフの傾斜はイメージです。

05

Point

ポイント

- □ 幼い頃からほめられて育った子どもは、社会能力が高く、自分をコントロールできる人になる。
- □ 母親がほめることの効果を知り、意識するだけでも、子どもの発達には好影響がある。

子どもの発達を促進する「5つの法則」

先ほど紹介した筑波大学の安梅教授の研究では、「社会能力の発達を促進する保護者の関わり方」として5つのポイントを挙げています。

1つ目は「まなかい」です。

もともと漢字では「目交い」と書き、目と目を合わせるアイコンタクトのことですが、心を通い合わせる意味も含む素敵な言葉でもあります。

発達調査の際、保護者とお子さんとで自然に遊んでもらったときに、「まなかい」がしっかりと起こった親子と起こらなかった親子を比べたところ、前者は、3歳半の時点で、それがなかった子どもよりも、社会能力が高いという結果が出ました。

2つ目は、この章で紹介してきたように「ほめ」が挙げられました。

その効果を示すデータは、安梅教授の調査でも、如実に現れたとのことです。幼少期に親からしっかりとほめてもらうことは、心身両面で子どもの発達を促し、「自分のことを大切にしよう」という、自尊感情を高めます。

3つ目は「リズム」です。

ここでいうリズムとは、日常的な生活リズムのことです。例えば、3歳半の社会能力には、生後9ヵ月時点での基本的な生活習慣のリズムが整っていること、すなわち、

Column

寝る時間や食事の時間、お風呂に入る時間といった、生活リズムがきちんとしていることが影響しています。また、1歳半時点で睡眠時間が規則的であることが、2歳半のときの共感性によい影響を与えるなど、子どもの社会能力の発達には生活リズムの規則性が、大いに影響している可能性があると考えられています。

4つ目は「かかわり」です。これはたくさんの結果が出ています。

例えば、1歳時点で「本の読み聞かせ」をしっかりしていると、1年後に社会能力の発達のうち、自己表現力が高くなり、3歳時点で「子どもをたたかない」と、1年後に自己制御力が高くなります。

また、「一緒に買い物をする」と運動能力の発達が、「一緒に歌を歌う・遊ぶ」と、社会能力の発達が2年後に10倍近く高くなるのです。さらに、子どもの幼児期に、保護者に子育ての相談者がいないと、子どもが小学生になってから「なんとなく心配だ」と感じる割合が、子育ての相談者がいた場合に比べて8倍になります。

同じように、幼児期に保護者と「一緒に歌を歌う機会が乏しい」と、子どもが小学生のときに「いらいらする」「あまり頑張れない」と感じるのが13倍、「誰かに怒りをぶつけたい」と感じるのが6倍近く高くなります。また、幼児期に「本の読み聞かせが乏しい」場合は、小学生になってから「さびしい」「あまり頑張れない」と感じる割合が3倍以上高くなります。

つまり、幼児期に子どもとどのような「かかわり」を持ったかが、小学生になってからの心身の健康状態に関係しているということです。

5つ目は「ささえ」です。

生後9ヵ月の時に、お母さんが「子どもとの触れ合いが楽しい」と思っていると、2歳半のときの子どもの社会能力が高くなります。また、お父さんが「子どもとの触れ合いが楽しい」と思っていると3歳半のときの社会能力が高くなります。

このように、両親が「子どもとの触れ合いが楽しい」と思えること、お母さんの育児ストレスが低くなるように周囲がサポートすること、すなわち配偶者や親族、近隣の協力があったり、育児相談者がいたりすることが、子どもの社会能力の発達に影響するのです。

このことから、親に対するサポートをしっかりとして、親が「子育てが楽しい」と思えるような環境をいかにつくるかが大切であることがわかります。

EQWELチャイルドアカデミーでは6歳頃まで保護者が子どもと一緒にレッスンに参加します。子どもの知・情・意の発達に適した環境があり、保護者の相談相手となる育児のプロがいて、毎週相談できるチャンスがある。これは、子どものすこやかな発育のためにも、重要なポイントを押さえているといえるでしょう。

第3章

「EQ力」を高める！
メソッド3／やる気と能力を活性化する……

「ほめ方」「叱り方」の方程式

01

Part① 学力を「上げるほめ方」、「下げるほめ方」

第2章では、「夢中力」を育むほめ方について紹介しました。しかし、だからといって、「何でもかんでもほめればいい」というものでもありません。実は「ほめ方」の違いで、学力が上がったり下がったりするのです。

では、次のうち、学力を上げるのに適した「ほめ方」はどちらでしょうか。

1．1時間勉強したら、ほめてあげる。
2．テストの成績がよかったら、ほめてあげる。

ハーバード大学のローランド・フライヤー教授は、小学2年生〜中学3年生、3万6000名を対象とした大規模な実験を行いました。

この研究では「本を読む、宿題をする、授業を受ける」といった学習における「努力」にご褒美をあげた場合と、「学力やテストの点数」といった学習の「結

01

果」にご褒美をあげた場合とで、学力テストの成績がどのように変わるかを調べました。その結果、学力テストの成績が上がったのは、「努力」にご褒美が与えられた場合で、中でも「本を読む」ことにご褒美を与えると最も効果が高いことがわかりました。しかし、「結果」にご褒美が与えられた子どもたちの学力には改善が見られませんでした。従って、学力を上げるのに適したほめ方は、1だといえます。その理由を考えてみましょう。

どちらの場合も、子どもたちはご褒美をもらうためにやる気を見せていましたが、その行動に違いがありました。

努力にご褒美が与えられる子どもたちは、ご褒美を得るために何をすべきかが明確でした。本を読んだり、宿題を終えたり、ちゃんと授業を受ければよかったのです。その結果として、学力が伸びました。しかし、結果にご褒美が与えられた子どもたちには、何をすべきか具体的な行動は示されていません。ご褒美が欲しくても、何をすればいいのかがわからなかったのです。そのため、学力を上げるための行動を取るとはかぎらず、試行錯誤したものの、学力の向上によい結果は得られなかったのです。

結果と努力、どちらをほめるべき？

結果と努力。子どもを成長させるには
どちらをほめればよいでしょうか。

本を読んだり、宿題をしたり、授業をちゃんと受けたり、これまでにやってきた努力をほめる。

テストで100点を取ることができた、結果をほめる。

01

Point

ポイント

□ 効果的なほめは、「結果」ではなく「努力」に対するものである。

□ 成績アップの効果が高いのは、特に「本を読んだこと」をほめる場合である。

02

Part② 学力を「上げるほめ方」、「下げるほめ方」

もう一つ、学力に関する「ほめ方」の効果を調べた研究があります。

コロンビア大学のクラウディア・ミューラー教授たちは、小学生を対象に「ほめ方」に関する実験を行いました。実験に参加した子どもたちは、1回目のIQテストを受けた後、ランダムに2グループにわけられ、一方にはテストの結果について「頭がいいね」と、能力をほめるようにし、もう一方には、「よく頑張ったね」と努力をほめるようにしました。

その後、同じ子どもたちを対象に、2回目にはかなり難しいIQテストを、3回目には最初と同じ難易度のIQテストを受けさせました。

その結果、もともとの能力をほめられた子どもたちは3回目のテストで成績を落としたのに対し、努力をほめられた子どもたちは成績を伸ばしたのです。

これは「頭がいいね」と、能力をほめられた子どもたちは、テストを受ける理由が「何かを学ぶこと」ではなく、「よい成績を取ること」にあると考えたからです。そのため、2回目のテストで悪い成績を取ったときには、「自分には能力がないから努力しても無駄だ」と考え、やる気を失い、努力をしなくなりました。そのため、同じ内容にもかかわらず、3回目のテストでは1回目よりも成績が下がったのです。また、それでもほめてほしいがゆえに、成績についてウソをつく傾向が高くなったとのこと。一方、「よく頑張ったね」と努力をほめられた子どもたちは、2回目で悪い成績を取ったときに、「努力が足りなかったせいだ」と考え、より一層努力をするようになり、3回目のテストでは1回目より成績が上がりました。この実験結果を受けて、ミューラー教授は「能力をほめることは、子どものやる気を蝕む」と結論づけています。

子どもをほめるときは「頭がいいね」とほめるよりも、「今日は1時間も勉強できたね」というように、もともとの能力ではなく、やはり、努力をほめることが重要であることがわかります。

ただし、これは小学校高学年を対象とした実験なので、まだ物心がついていない時期には「賢い！」「天才！」というように才能や能力をほめて、基礎的な自信をつけさせてあげてもよいでしょう。

よい「ほめ方」についての実験結果

「才能をほめる」はやる気を奪い、
「努力をほめる」はやる気を育みます。

才能をほめられた子どもたちは、悪い点を取るとやる気をなくす。

努力することでほめられようとする。

02

Point

ポイント

□ 能力をほめることは、子どものやる気を蝕み、学力を下げる。

□ 努力をほめることは、「努力すれば学力が上がる」というメッセージを伝えることになり、学力が上がる。

03

効果的な「ほめ方」～マジック・レシオとは？

アメリカの団体ポジティブ・コーチング・アライアンスでは、人を成長させ、やる気を引き出すほめ方として、「誠実で具体的なプラス評価5回に対し、建設的なマイナス評価を1回すること」を推奨しています。

ほめるときは、よいところを具体的に伝えるようにします。例えば、サッカーであれば、「足がよく動いている」「いいコントロールだ」と本当のことを具体的に5つほめます。また、失敗しても、その努力をほめます。そして、「次は怖がらずにシュートしよう」と助言を1回します。3回ほめて、助言を1回し、その後2回ほめる、というようにアレンジしても構いません。

そうすると、子どもはほめられたいから、ほめてくれる相手の話を聞くようになり、もっとほめられたくて助言に従います。この効果的な5対1のほめと助言は、「マジック・レシオ（魔法の比率）」と呼ばれています。

また、こういったプラスとマイナスの評価や相互作用の比率が、集団の生産

03

性にどのような影響を与えているかについて調べた研究もあります。

研究によれば、集団では、「メンバー間のポジティブな相互作用とネガティブな相互作用の比率」が、最低でも2・9013対1でなければならないと指摘されています。つまり、一つのネガティブな言葉や行動の悪影響を打ち消すためには、約3倍の量のポジティブな言葉や行動が必要だということです。

規模は小さいかもしれませんが、家族も一つのチームです。明るく充実した家庭生活を営むためにも、家庭におけるポジティブとネガティブの言動の比率、すなわち「ほめ」や「助言」の比率を意識するように心がけましょう。

まずは、家庭内のポジティブな言動が、ネガティブな言動の3倍になるようにすべきです。その上で、徐々に「〜しなさい！」といった命令を、「〜するといいと思うよ」といった助言に、「どうしてできないの？」といった批判を「〜できるようになると、こんなにいいことがあるのよ」といった希望や可能性が感じられる言葉に変えていくようにします。すると、子どもが素直に注意を受け入れるようになるだけでなく、家庭円満になり、家族のみんなが明るく賢く成長していくことができるのです。

ほめ方のマジック・レシオ

子どもが素直に助言に従い、どんどん成長する
ほめ方の簡単なルールを覚えましょう。

子どもが育つ魔法の比率は５：１（ほめる：助言）

NG

OK

03

Point

ポイント

- 「ほめ」と「助言」の比率を5対1にすることで、助言が聞き入れられやすくなる。
- 1つのネガティブな言動を打ち消すには、3つのポジティブな言動が必要になる。

04 子どもの将来を考える「叱り方」4つの指針

ほめることを意識して、「叱ってはダメだ」と思い込んではいけません。我慢して感情をコントロールしたり、ルールを守ったりすることを教えるためにも、叱ることは、ほめることと同じように大切です。一方で、叱り方次第で、子どもが萎縮したり、のびのびと成長することができなくなったりするなど、非常に繊細な問題でもあります。ここでは、叱り方のルールを学びましょう。

1．叱る基準を明確にする。

まず、何をしたら叱るのか、基準を設けます。基準を決めるときには、子どもと一緒に話し合い、例えば、「人にいじわるをしたら叱るね」と伝えてあげることを忘れてはいけません。叱ることについて、親子で一緒にぶれない軸をつくるのです。そうすることで、子どもはルールを守る大切さや、人としてやってはいけないことを学ぶことができます。

2．1分以内に抑える。

04

長い時間叱り続けると、子どもは親の話を聞き流すようになり、あらゆることで聞く耳を持たなくなります。また、内容よりも感情面に意識が向き、「自分はダメな子。だからママは自分のことが嫌いで、こんなに怒るんだ」と思わせてしまい、子どもの自尊感情をつぶしてしまうことにもなりかねません。

3．昔のことを持ち出して叱らない。

叱っているときに、過去のことを持ち出すのは、絶対にやめましょう。それは、一つの間違いに対して何重にも注意することに他なりません。その上、昔のことをいつまでも根に持っていて、許していないことが子どもに伝わると、「自分はいつまで経っても成長しないダメな子どもだ」という思いを植えつけてしまいます。

4．間違った行為を叱る。

「あなたはダメな子ね！」「こんな子に育てた覚えはないわ」というように、子ども自身の能力や存在を否定するようなことをいってはいけません。「ウソをついてはいけないのよ」「友達をたたいたらいけないのよ」と、子どもがした間違った行為が、してはいけないことであることを伝えるようにしましょう。

叱り方の4つのルール

時には叱ることも必要ですが、やみくもに叱らず
次の4つを守って子どもと向き合いましょう。

1. 叱る基準を明確にする

NG：日によって叱る基準が違う、両親で叱る基準が違う。
OK：子どもと決めた「叱る基準」を超えたときだけ叱る。

2. 1分以内に抑える

NG：普段いいたいことをすべてぶつけるように叱る。
OK：簡潔に「なぜ叱られたか」が伝わるように叱る。

3. 昔のことを持ち出して叱らない

NG：「この前もじゃない！」と「今」とは関係のないことまで叱る。
OK：「今」やったことに対してのみ叱る。

4. 間違った行為を叱る

NG：「あなたはダメな子！」と、子どもの存在自体を否定する。
OK：その行為がなぜいけないのか諭すように叱る。

04

Point

ポイント

□ やみくもに叱ったり、子どもを否定したりする叱り方ではなく、間違った行為を叱る。

□ 叱ることは、怒りを子どもにぶつけるのではなく、教え諭す行為だと心得る。

ほめると「自尊心が高くなる」は、ウソなのか？

子どもを上手にほめて育てると、自分に自信を持ち、さまざまなことにチャレンジできるようになります。「自分に自信を持つこと」、心理学でいう「自尊心を高める」ことは大切です。

しかし、日本人の子どもは他の国の子どもたちに比べると、自尊心が低いといわれています。国立青少年教育振興機構・青少年教育研究センターが行っている調査によると、日本の高校生は米・中・韓の生徒に比べて、「自分はダメな人間だと思う」と答えた人の割合が高いことがわかりました（左ページの図を参照）。

日本では謙虚さを美徳とする文化的な背景があり、こういった質問には自分のよさを控えめに答える傾向があるので、一概にこの結果が悪いことであるとは思いません。

しかし、自尊心が高い生徒は先生との関係がよく、学習意欲が高く、実力に見合った進路を選ぶ傾向があり、未成年の喫煙・飲酒など反社会的な行為が少なく、大人になってからの勤務成績や幸福感、健康状態が良好な傾向にあることが、心理学の研究では示されています。そう考えると、やはり、自尊心が高いに越したことはないように思えます。

しかし、その後の研究により、次の2つのことがわかってきました。

Column

高校生を対象にした４か国調査

「自分はダメな人間だと思うことがある（とてもそう思う、まあそう思う）」と回答した生徒の割合

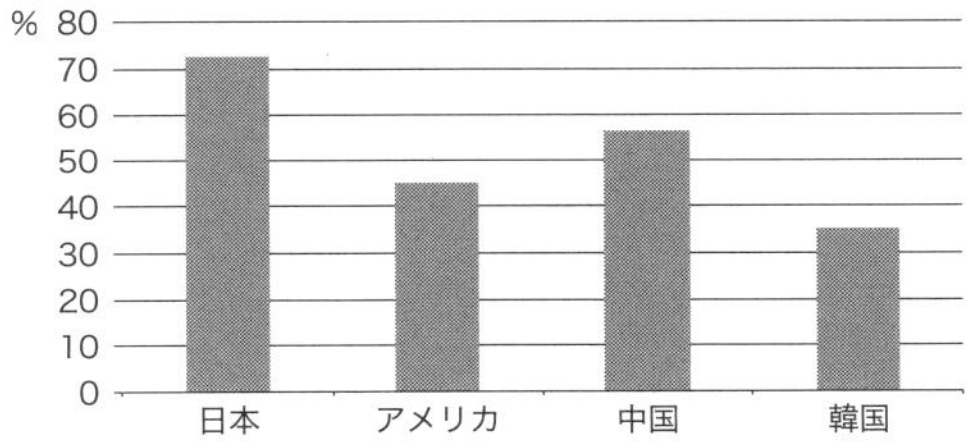

出典：国立青少年教育振興機構　青少年教育研究センター
「高校生の生活と意識に関する調査」平成27年版より作成。

---

1. 「自尊心が高いから、学力が高まる」のではなく、「学力が高いから、自尊心が高まる」。

2. 生徒の自尊心を高めるような介入（例えば、「あなたはやればできる」というメッセージを送ること）**で、生徒たち**（特に学力の低い生徒）**の成績がよくなることはない。**

つまり、自尊心と子どもの成長をめぐる研究の結論として、次のことが指摘できます。

1. 自尊心を高めるには学力を高めること。

2. 悪い成績を取った子に対して、この介入で学力が高まることはない。

特に、むやみやたらとほめるだけでは、成績は悪いのに「自分は勉強ができる」という考えを持った、実力の伴わないナルシストを育てることになりかねないのです。

もちろん、子どもをほめてはいけないということではありません。「ほめ方」にコツがあるということです。次章でも紹介する「あなたはできる」といった自尊心を高めるような言葉かけは、この章で取り上げた「才能（能力）をほめること」と同様に、乳幼児期には無条件に行ってよいと思います。ただ、年齢が上がるとともに減らしていく方がよいでしょう。

その代わりに、実際に取り組みなどができたときに「上手にできたね！」と言葉かけをすることで、実力の伴った本物の自尊心が身についていきます。

また、1歳を過ぎた頃からは「がんばったね！」と努力をほめるように意識しはじめると、何事にも粘り強く取り組む、逆境に強い子どもに育っていくでしょう。

努力や個性をほめることは大切なことなんですね！

第４章

「EQ力」を高める！
メソッド４／強い自信を身につけさせる

「言葉かけ」の常識、非常識

01

「あなたならできる!」という信念で子どもを変える

たったひと言の言葉かけで、能力を伸ばした例があります。

2016年のリオ・オリンピックの水泳競技で、最多7種目に出場した池江璃花子さん。18歳となった2018年には、オリンピックに並ぶ主要国際大会であるパンパシフィック水泳選手権で、金メダルを含む4つのメダルを獲得し、アジア競技大会では史上初の6冠を達成するという偉業を成し遂げました。

璃花子さんは0歳からEQWELチャイルドアカデミーに通いはじめ、1歳6ヵ月で逆上がりができるようになりました。3歳から水泳を始め5歳のときには4つの泳法すべてで50mを泳げるようになり、9歳のときに全国大会入賞。その後、数々の記録を打ち立てたことで、2020年の東京オリンピックでは花形選手になると大きな期待がかかっています。

この璃花子さんのお母さんが、常々心の中で思い、璃花子さんに伝えてきたのが「できる! できる!」という言葉です。

01

「あなたならできる！」という信念で子どもを変える

お母さんは、3人の子どもを育てる中で、子どもたちが将来苦労しないように、たくさんの人に愛される人間になるように、敢えて厳しく接したそうです。しかし、その厳しさの根底には「できる！　できる！」という、子どもへの強い信頼と深い愛情があったとのこと。その信頼と愛情に支えられて、璃花子さんはメキメキと頭角を現し、今では日本を代表する水泳選手へと成長しました。

また、ソフトバンクを創業した孫正義氏も、幼少期に親から「あなたなら、きっとできる！」といわれ続けて育ちました。すると、不思議なもので、ここぞというピンチやチャンスにおいて、「私はできる！」と思えてしまうもの。孫正義氏は特に根拠がなくても自分が大成功しているイメージを頭に思い浮かべて、「やったー！　成功した！」と喜びに浸ることができたといいます。その後、「この未来を実現するためにはどうすればいいか」と、論理の世界に入って、脳みそがひきちぎれるくらい考えました。そこから出てきたアイディアをひたすら実行に移していったところ、今日の成功に至ったそうです。

このように、「できる！　できる！　あなたならきっとできる！」という言葉かけは、子どもたちに、一生ものの自信を与える力を持っています。

「あなたならできる！」の力

親がそう思い続けることで
子どもの能力を開花させるのがこの言葉です。

01

Point

ポイント

□ 親は、子どもに対して「あなたならできる」と応援する気持ちを持つようにする。

□ 「あなたならできる」と口に出すことで、子どもは逆境に強い人に育つ。

02 期待通りの結果を出させる「ピグマリオン効果」

前向きに期待を伝えるには、言葉かけと同じくらい大切なことがあります。あまり知られていないですが、「期待をかけること」自体に効果があるのです。

カリフォルニア大学の教育心理学者ロバート・ローゼンタール教授は、ある小学校で知能テストを行いました。その知能テストの結果を受けて、各教室の教師たちに、次の3つを伝えたそうです。

1. クラスの中に数名すばらしい素質を持った子どもたちがいる。
2. その子たちはこれからとても伸びる可能性がある。
3. 本人には、そのことを伝えず、教える時間を増減しない。

テストから1年後、子どもたちは再び知能テストを受けました。すると、有望な子どもたちの知的能力は飛び抜けてよくなっていたのです。

02

当たり前の話のように聞こえますが、この話にはオチがあります。実はこの有望だとされた子どもたちは、成績に関係なく、ランダムに選ばれた子どもたちだったのです。1年前のテストでは普通の成績で、特に有望なわけでもなかったのですが、ローゼンタール教授は教師たちにウソをついて、有望であると信じ込ませたのです。この子どもたちの知的能力を伸ばしたのは、教師が「子どもたちの可能性を信じたこと」でした。その信念が子どもたちに伝わり、現実になったのです。この現象は「ピグマリオン効果」と呼ばれており、「人間は期待された通りの成果を出す傾向がある」というものです。言葉に表さない心の奥底の思いは自然と相手に伝わり、相手を変えていくパワーを持ちます。

もちろん、ローゼンタール教授の研究のように、子どもたちをよい方向に導くこともできますが、ピグマリオン効果はネガティブな結果を生み出すこともあります。子どもから、「算数って何で勉強しなきゃいけないの？」と聞かれたら何と答えますか。「お金の計算くらいできればいいんじゃないの？」と答えたりすると、子どもは「算数のできない子」に育っていきます。ですから、「算数は思考力を高めるのに最高の教科よ」とプラス面を伝えましょう。

期待通りの結果を出させる「ピグマリオン効果」

ピグマリオン効果

強く期待をかけると、言葉にしなくても
子どもは、その期待に沿うように成長していきます。

強く思って期待をかけると……。

02

Point

ポイント

□ 人は、期待されればその通りの結果を出すようになるので、子どもに期待を向ければ、成長を導くことができる。

□ ネガティブな思いを持っていると、その通りになるため、注意が必要である。

03

だから思いが伝わる！　幼児期の「脳波」を知る

子どもと大人に同じ言葉をかけても、その効果の出方はまったく違います。子どもの方が、より大きな効果を発揮するのです。

なぜこのように、子どもには親の思いが伝わりやすいのでしょうか。その答えの一つとして、脳波から見た見解を紹介します。

脳波には大きくわけて、起きているときのベータ（β）波、目を閉じてリラックスしているときのアルファ（α）波、寝る直前のまどろんでいるときのシータ（θ）波、熟睡しているときのデルタ（δ）波があります。

子どもは新生児期から学童期、成人期へと至る過程で、脳の神経細胞の数は変わりませんが、それらの間の神経線維が急速に発達します。それに伴い、脳波の周波数も変化するのです。

新生児期の脳波は、眠っているときに出るデルタ波が主体です。その後、生後1年頃よりシータ波が主体になります。3〜5歳頃でシータ波からアルファ

03

波に変わっていき、10歳頃ではアルファ波が主体となっていき、シータ波が減ります。そして、15歳前後でアルファ波が優勢な成人に近い脳波となり、20歳頃に完全に成人の脳波になるのです。このように、脳波には、個人差があるものの、それぞれの成長時期に応じて優勢な周波数帯域があります。

脳波は起きているか、眠っているかという意識レベル（覚醒・リラックス・浅い睡眠・深い睡眠）によって変化する指標です。

脳波の中でもシータ波が出ている状態は、大人でいうと浅い睡眠状態です。うとうととまどろんでいて、意識の働きが弱くなり、潜在意識（無意識）に働きかけやすいタイミングだといえるでしょう。いわば、催眠状態のような暗示にかかりやすくなっている状態です。

つまり、幼児期は主にシータ波が出ているので、いつも催眠状態に入っているといえます。周りの言葉かけが暗示となって、潜在意識、すなわち頭や心の奥底にスーッと入っていく状態であることがわかります。

脳波で見ると、3歳頃までは周りで起こっていることが催眠状態のようにすいすい潜在意識に入り込み、記憶に定着しやすいと考えられます。

潜在意識に働きかけやすい時期

1〜3歳頃の脳波はシータ波が主体で、
言葉が深層心理に入り込みやすい時期です。

1〜3歳　　3〜5歳

シータ波　　アルファ波

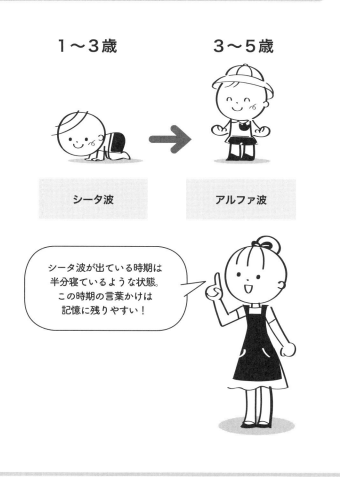

03

Point

ポイント

□ 幼児期の脳波は、大人の催眠状態に近く、かけた言葉が深層に入り込みやすく、定着しやすい。

□ 幼児期には、積極的にほめたり、前向きな言葉をかけてあげるとよい。

04

今すぐしたい、幸福感を高める「寝る前の振り返り」

言葉かけの効果は思わぬところにも現れます。前向きな言葉かけは、一日を気持ちよく終わることにも効果を発揮するのです。

22ページで紹介したEQWELチャイルドアカデミーの「楽しい子育て8か条」②に、「毎日の変化と成長を楽しむ」とあります。その具体的な取り組みとして、ここでは「寝る前の振り返り」を紹介しましょう。

この方法は、寝る前に子どものその日の変化や成長を振り返り、よい気分に浸るというものです。一日の子どもの変化と成長を振り返ってみて、よかったことがあれば、素直に「よかった」と思い、心からの満足感に浸ります。

振り返ってみて、よくなかったことがあれば、「大丈夫」「きっとよくなる」と心の中で思い、子どもが成長し、よくなったイメージをして、「よかった」と思い、同じように満足感に浸ります。特に何もなければ、「一日が無事に終わって、よかった」と思い、満足感に浸ります。

04

実は、寝る前に幸福度が上がると、その一日に対する評価が高くなることがわかっています。

心理学の「ピーク・エンドの法則」では、「あることをして、それがよかったと思えるか、苦痛だったと思えるかは、ピーク（絶頂）とエンド（終わり）で決まる」とされています。例えば、騒音を聞かされて、大音量のままプチッと切れたら、騒音全体に対する不快度は高くなります。一方で、同じ時間ひどい騒音を聞かされても、徐々に騒音が小さくなって静かに終わると、騒音全体に対する不快度は低くなります。

この法則を一日に当てはめると、最後を幸せな気分で終えることができたら、「いい一日だった」となり、逆に、不快な気持ちで終えると、「悪い一日だった」となります。一日の最後は「寝る前」なので、評価をよいものにするには、寝る前にいい気分になることがポイントなのです。一日の終わりに、子どもに前向きな言葉かけをすれば、自分自身の心と体をよい状態にキープすることができ、睡眠の質も上がり、次の日を快適にはじめられ、毎日、子どもによりよい言葉かけができる、好循環をつくり出すことができるようになります。

小さな取り組みで一日が変わる

ネガティブな出来事があっても、寝る前にポジティブな気持ちになれれば、その一日は大成功です。

ネガティブなことがあった日は……

1.「大丈夫」「きっとよくなる」と心の中で思う。
2. 子どもが成長したイメージを思い浮かべる。
3.「よかった」と心の中で満足感に浸る。

寝る前にポジティブな気持ちになれたら、次の一日を前向きにはじめることができる。

04

Point

ポイント

- □ 一日の終わり（寝る前）の印象が、その日の評価を決める。
- □ 寝る前には、子どもの成長と変化を振り返って「よかった」と満足感に浸り、翌日のポジティブな言葉かけにつなげ、よい循環をつくるようにする。

05

東大生の親たちが実践する、子どもへの言動ルール

優秀な子どもを育てた家庭では、言葉のかけ方や、子どもへの向き合い方について、ある一定のルールが存在しています。現役東大生の保護者60名とベネッセが調査した一般家庭の保護者約4000名の乳幼児期の子育てに関する比較調査が、雑誌「プレジデント ベイビー2016」で紹介されました。

その調査結果をみると、東大生家庭と一般家庭の子育てではいくつかの点で違いがありましたが、中でも「親が子どもの将来に対して何を思っているか」に関して、興味深い差が見られました。設問は「どんな大人に育ってほしいか」という問いへの回答として、10個の選択肢から3つを選ぶ形式です。

結果をみると、「自分の考えをしっかり持つ人」という項目が東大生家庭も一般家庭も共にトップで、「自分の家族や友人を大切にする人」も共に上位に入っていました。しかし、5位以下の項目では大きな違いが見て取れます。

東大生家庭の親で「リーダーシップのある人」を選んだ人は一般家庭の約

05

6・4倍、「社会のために尽くす人」は約3・7倍、「周りから尊敬される人」「経済的に豊かな人」はそれぞれ約2倍と、大きな差がありました。

リーダーシップがあり、社会のために尽くし、周りから尊敬される経済的に豊かな人。これらを併せ持つ人は、ひと言でいえば「社会で活躍している人」です。東大生家庭では、子どもが小さい頃から、親は「社会で活躍する人に育ってほしい」と子どもたちが志を持つように期待していたことがうかがえます。

そのような思いを持ちながら子どもと接すると、日頃の言動の端々にその思いがにじみ出るようになります。すると、子どもは「どうすればリーダーになれるのだろう?」「どうすれば社会のために尽くせるのだろう?」と、自ら考え始めます。そうなればしめたもの。リーダーとなって、みんなのために尽くすには、そのために必要なことを学び実践する必要があると気づくことができます。そして、自主的に学ぶようになり、学力が上がり、その学びを実践して人間力が向上していきます。「学力と人間力が高い子どもに育ってほしい」と思ったら、まずは、親が子どもに「社会で活躍する人に育ってほしい」と思うことが、近道の一つ。これを、言動ルールにしてみましょう。

東大生家庭と一般家庭の意識調査

東大に入る子ども育てた家庭では、
子どもの将来に何を望んでいたのでしょうか？

どんな大人に育ってほしいか？（３つを選択）

	質問内容	東大生 (%)	一般家庭 (%)
１位	自分の考えをしっかり持つ人	65.0	74.0
２位	他人に迷惑をかけない人	41.7	51.1
３位	自分の家族を大切にする人	35.0	59.4
４位	友人を大切にする人	33.3	60.7
５位	社会のために尽くす人	30.0	8.1
６位	リーダーシップのある人	21.7	3.4
７位	仕事で能力を発揮する人	20.0	15.1
８位	経済的に豊かな人	16.7	9.9
９位	周りから尊敬される人	15.0	7.8
10位	のんびりと生きる人	5.0	4.5

出典：「プレジデント Baby 2016」より作成。
※東大生の保護者60名、一般家庭の保護者約4000名に調査を実施。

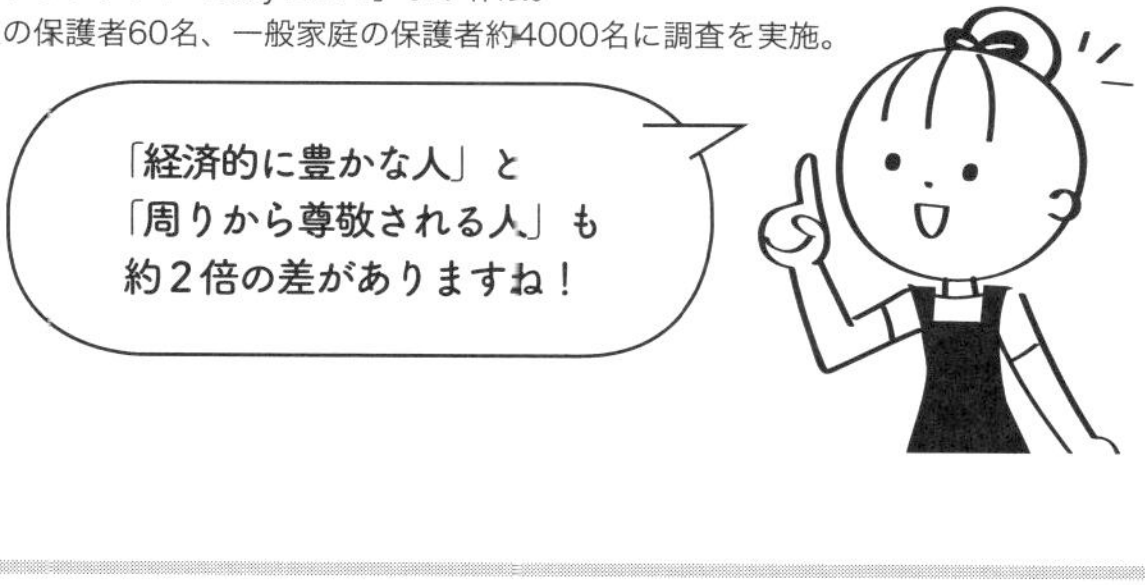
「経済的に豊かな人」と
「周りから尊敬される人」も
約２倍の差がありますね！

05

Point

ポイント

□ 東大生家庭では、子どもが小さい頃から、親は「社会で活躍する人に育ってほしい」と願いながら接している。

□ 「学力と人間力が高い子どもに育ってほしい」と思ったら、まずは、親が「社会で活躍する人に育ってほしい」と願うことが近道になる。

学力向上には欠かせない、幼少時からの「読み聞かせ」

多くの幼児教室や幼稚園、保育園、小学校などでも取り入れられている読み聞かせ。それには、明確な理由があるのです。

教育環境設定コンサルタントとして活躍している松永暢史《のぶふみ》氏は著書『将来の学力は10歳までの「読書量」で決まる!』の中で、「大人になってから成功する人は、みな読書家であり、10歳までが本好きにするチャンス期間。10歳までは徹底的に『読み聞かせ』をしてあげるとよい」といっています。

子どもの将来のことを考えたら、子どもを読書好きに育てることが重要なポイントであることは、間違いありません。

それを裏づける興味深い調査結果があります。2007~2008年にかけて行われた、約6000名におよぶ、小学校6年生の家庭背景と学力の関係を調べた大規模調査です。

この調査結果によると、学力が高い子どもたちの親の接し方にはいくつかの共通点がありました。

中でも、子どもの学力の高さには「世帯年収」が大きく関わっていることがわかりました。家計に余裕があれば子どもの勉強に投資でき、子どもの学力が上がりやすいので、とても現実的な結果です。

しかしもちろんのこと、世帯年収が低くても学力が高い子はたくさんいます。そこ

Column

で、研究チームは、世帯年収の要素を差し引いても残る共通点を調べました。すると、以下の4点が主だった共通点として残りました。

1. 子どもが小さい頃、絵本の読み聞かせをした。

2. 家には本（マンガ・雑誌を除く）がたくさんある。

3. 親がいわなくても子どもは自分から勉強している。

4. 子どもが英語や外国の文化に触れるよう意識している。

4つの共通点のうち、2つは本に関することです。

学力が高い子どもを育む家庭には本がたくさんあり、親は意識して小さい頃から絵本の読み聞かせをしていたことがうかがえます。

さらに、子どもが自主的に学び、英語や外国の文化に触れてグローバルな視点を持つように促していることもわかります。

もう一つ、興味深い調査結果を紹介しましょう。

東大生174名の小学生時代に関するアンケート（雑誌「プレジデント ファミリー 2016年秋号」）によると、小学生のときに86％が「読書好きだった」と回答し、91％が「自分のほしい本を（だいたい＋無制限に）買ってくれた」、32％が小学校入学後も「親に本の読み聞かせをしてもらっていた」

（25%が1・2年まで）と答えました。

ちなみに、小学生時代の読書冊数は、全国平均が月5・6冊なのに対し、東大生平均は月7・4冊。6年間で換算すると、全国平均403冊、東大生平均533冊。東大生は全国平均に比べて読書量が130冊多いことになります。

第3章でも紹介しましたが、ハーバード大学のフライヤー教授の大規模な実験によると、「本を読むこと」に対してご褒美を与えられた子どもたちは、学力が顕著に向上したとのこと。

このように、学力が高い子どもに育てるポイントは「本」と「読書」が大きく関わっているのです。

子どもが将来活躍できるように学力を高める礎を築くには、まずは読書好きになるよう家にたくさん本を置き、特に子どもが小さいうちは、できるだけ毎日読み聞かせをしてあげるとよいでしょう。「寝る前の15分」など、少しずつの取り組みも、積み重ねれば大きな成長につながります。

また、読み聞かせは学力を高める礎となるだけではなく、親子のよいコミュニケーションの機会でもあり、絆を深め、心を豊かに育むきっかけにもなるのです。

幼少時からの読み聞かせは、子どもの将来を輝かしいものにするために、親が贈ることのできる最も大きな、そして、効果的なプレゼントであるといえます。

第5章

「EQ力」を高める！
メソッド5／子どもがすくすく育つ……

「賢明な子育て」A to Z

01 未来を決める、「4つのスタイル」とは？

子育てには「優しさ」と「厳しさ」の両方が必要です。

1980年代に開始された研究では、次の4つのうち、どのスタイルが最も高い教育効果を期待できるのかが調べられました。

1. 高い要求をして、支援をする。
2. 高い要求をして、支援をしない。
3. 高い要求をせず、支援をする。
4. 高い要求をせず、支援をしない。

この4つの中で、最も効果が高いと判明したのは、1の高い要求をしつつ、支援を惜しまない子育てでした。カリフォルニア大学のダイアナ・バウムリンド教授は、この方法を「賢明な育て方」と呼んでいます。

1は、厳しくも温かい接し方で、子どもとの関わりをしっかりと持ちながら、高い期待を投げかけます。守るべきルールも決めますが、そのときは、子どもを話し合いの輪に入れて、破ったらどうするかを伝えておきます。子どもがミスをしたときに罰するのではなく、教えることでしつけをするのが特徴です。

2の高い要求はするが、あまり支援しない育て方は「独裁的な育て方」と呼ばれています。親のルールのもとで、命令に従うことだけを望む育て方で、子どもは行儀のよさとは裏腹に、「自制心」の発達が遅れます。自分の内側に自らを律する判断基準が育っておらず、自分で善悪を判断しづらくなるのです。

3の支援を惜しまないが、あまり要求をしない育て方は「寛容な育て方」と呼ばれています。親子の会話は多いのですが、甘やかすことも多く、対立を避け、規律を嫌がるため、自己評価の割にルールを守らない子どもになります。

4の支援も期待もしない育て方は「怠慢な育て方」と呼ばれています。子どもが生活するのに必要な最低限のものは与えますが、それ以外は関わりを持たない育て方で、ネグレクト（無視）と呼ばれる一種の虐待です。こういった親に育てられた子どもは非行に走りやすいといわれています。

子育ての4つのスタイル

子育ての軸は2つ。親の「要求」と「支援」です。
その両方を高く保つのが「賢明な育て方」です。

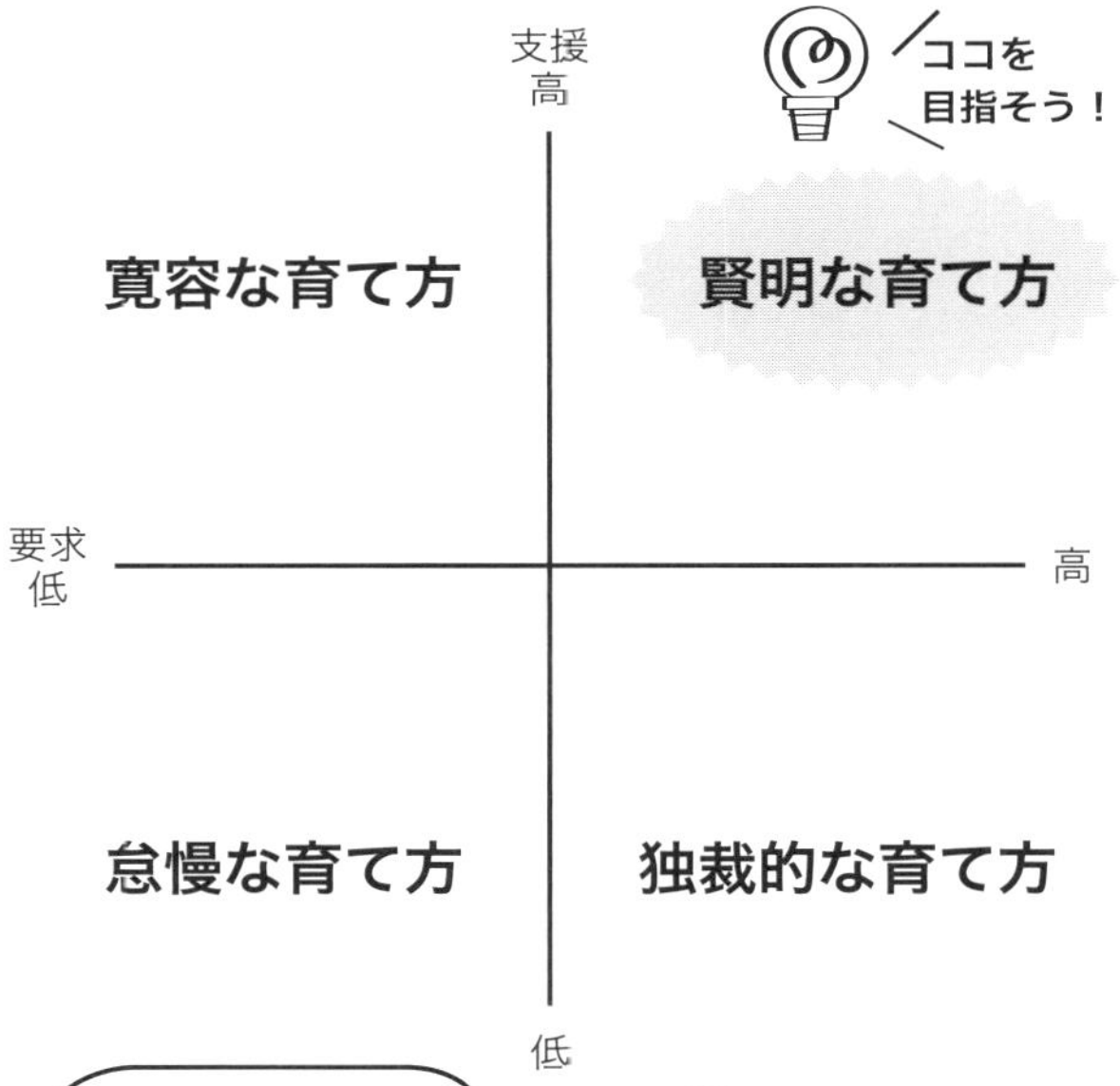

01

Point

ポイント

□ 「賢明な育て方」とは、子どもに期待をかけつつ、必要なサポートをしっかりと行うこと。

□ 厳しくするだけ、甘やかすだけといったように、子どもに対する要求と支援のバランスが崩れると、子どもは偏った成長をしてしまう。

02

「3つの愛」で、健全な子どもに

「賢明な育て方」、すなわち「温かくも厳しく、子どもの自主性を尊重する親」に育てられた子どもには、「学校の成績がよい」「自主性が強い」「不安症やうつ病になる確率が低い」「非行に走る確率が低い」といった特徴があります。

賢明な育て方では、優しさからくる「寛容の愛」、厳しさからくる「律する愛」、子どもの自主性を尊重する「信頼の愛」が大切です。EQWELチャイルドアカデミーではこれらを「子育ての3つの愛」と呼んでいます。

「寛容の愛」は、親が子どもを丸ごと認める愛です。

ここでは、その愛を子どもがしっかりと感じることができ、親も言葉と態度で愛を伝えることができているかが大切になります。心に思うことは重要なことですが、伝わらなければ意味がありません。「寛容の愛」は、心から子どもを愛し、抱きしめ、言葉にすることではじめてその効果を発揮します。

「律する愛」は、溺愛せず、厳しさを持って接することのできる愛です。

02

これは、しっかりと愛情を伝えた上でよい効果を発揮するもので、それがきちんと伝えられていないのに厳しくしていては、子どもにとってストレスフルなだけで、親への信頼を持つことができず、成長の妨げになってしまいます。逆に、厳しさのない愛だけでは奔放で我慢ができず、周りの忠告を聞き入れないわがままな子どもになってしまうでしょう。愛情と厳しさの両方が必要です。

そして「信頼の愛」は、「どんなことがあっても子どもを信頼して育てる」という子育ての一番基本となる愛です。

子育てでは、能力の育成やしつけよりも、まずは親と子の信頼関係を築くことが基本なのです。子どもを信頼して育てると、自主性が育ち、自分で考え、自分をコントロールできる子どもになります。信頼関係の基本は「あなたがそこにいてくれるだけで、パパもママも幸せなのよ」といえることです。心からそう思って伝えることができれば、たとえ子どもの発達が遅れていようと、勉強が遅れていようと気にならなくなります。

この3つの愛が満たされているとき、子どもはすくすく成長して、「賢明な育て方」がもたらす恩恵にあずかることができるのです。

子育てに必要な3つの愛

「信頼の愛」を土台に「寛容の愛」と「律する愛」が
「賢明な育て方」を支えます。

寛容の愛……優しさを持った愛情を向ける

律する愛……子どものために、子どもを律する

信頼の愛……何があっても、子どもを信頼し続ける

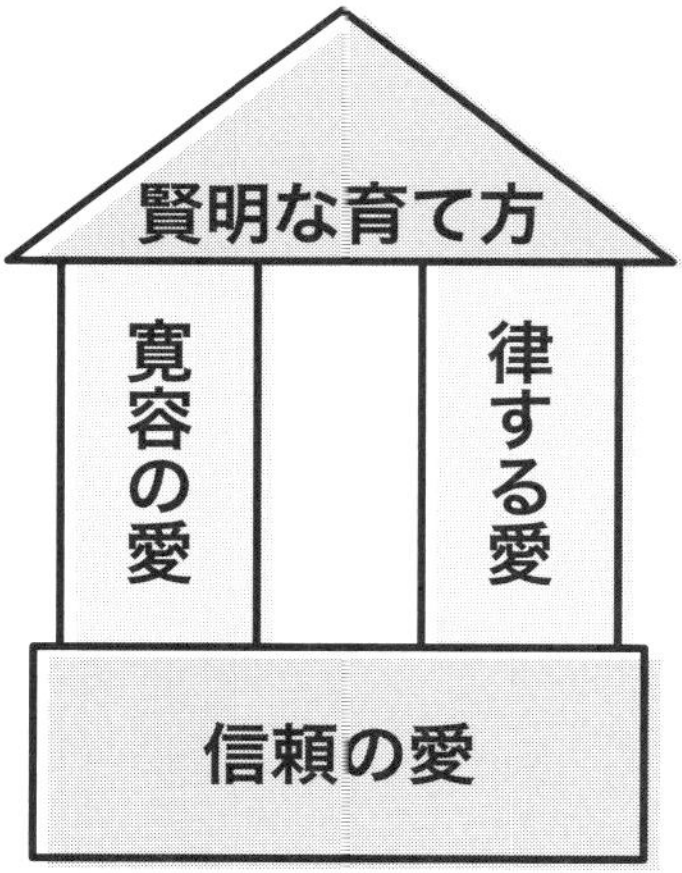

02

Point

ポイント

□ 「子育ての３つの愛」とは「寛容の愛」「律する愛」「信頼の愛」である。

□ 「３つの愛」のバランスが取れているときに、賢明な育て方の効果を、最大限に受けることができる。

03

高い「基準」と惜しみない「愛情」~コリンズ式教育法

1960年代に活躍した、アメリカの教師マーヴァ・コリンズは、現代でも通じる示唆に富んだ教育法を提示してくれています。彼女はシカゴの公立学校で、落第したスラム街の子どもたちを劇的に成長させました。

小学2年生のときに、コリンズのもとに来た子どもたちの多くが「学習障害」や「発達遅滞」といったレッテルを貼られていて、何事にも無関心で表情もどんよりとしていました。その子どもたちを相手に、最初はものすごく簡単な読み物からはじめ、徐々に古代ギリシアの古典やシェークスピアなどにも取り組み、1年後には5年生用の教科書の半ばまで進むことになります。

落第し、他の教師に見捨てられた子どもたちに、コリンズはいったい何をしたのでしょうか。

彼女は、できる子どもに対してだけではなく、すべての子どもたちに対して高い基準を設けました。最初からとても高い基準を設けて、子どもたちがまったく理解できない言葉や概念をも取り入れて授業を進めていったのです。

その一方で、初日から愛情に満ちた温かい雰囲気で子どもたちを包み、「必ずできるようになるからね」と約束しました。

努力しようとしない男の子には、「あなたのことを大切にするわ。あなたが自分を愛せないときでも、先生はあなたを愛します」と語りかけました。

コリンズの教育法は、子どもたちを成長させるには「難しい課題を与えて、惜しみなく愛情を注ぐこと」が大切なのだと教えてくれています。

難しい課題は、子どもたちのチャレンジ精神を養います。ただ、難しすぎるだけでは、チャレンジする気持ちが萎えてしまう子どももいるので、どうすればその高い基準に到達できるかという方法を、きちんと子どもたちに教えなければなりません。そうして、難しい課題であっても、あきらめなければ解決できるということを伝えていきます。

この接し方については、家庭でも同じことがいえるでしょう。親が高い基準を設けつつ、愛情豊かに惜しみなく子どもを支援し、その子どもの状況に合った具体的な方法を教えることで、子どもは力強く才能を伸ばしていくのです。

高い基準と導く愛情で子どもは育つ

子どもには高い基準を掲げつつ、
そこに手が届くよう、愛情を持ってサポートしましょう。

高い基準を設定する。

愛情を持って導く。

03

Point

ポイント

□ 高い「基準」と惜しみない「愛情」が、子どもたちをどこまでも成長させる。

□ 丁寧なサポートをすることで、難しい課題でも、子どもたちはあきらめずにチャレンジするようになる。

04

子どもの興味に寄り添い、楽しく導く

子育てスタイルの優しさと厳しさ。これまで紹介したように、「寛容の愛」と「律する愛」はともに大切です。特に、まずは「寛容の愛」を十分に伝えることが子どもを成長させるカギになります。「寛容の愛」には、子どもの努力する姿勢を養う力があります。学業やスポーツ、芸術、社会に出てからの仕事や趣味、何事においても成功を収めるには、やり続けることが重要で、そのきつい努力を続けるには、取り組みを楽しんでいることが大事になります。

アメリカの心理学者であるベンジャミン・ブルーム博士は、興味のあることを見つけて掘り下げていく段階を「初期」と呼んでいます。彼は、この段階では励ましを受けることが何よりも必要なのだと説いています。

ブルーム博士らの研究により明らかになったのは、物事に取り組む最初の段階で最も望ましいのは、優しくて面倒見のよい指導者を得ることでした。最初の学びを楽しく、満足感を得られるものにしてくれる指導者です。なぜなら、

04

入門時の基礎的なことは、ほとんど遊びを通じて学ぶものだからです。最初のうちは学習、練習というきちっとした形よりもゲーム感覚で学ぶことにより、楽しみ、好きになり、興味を持ち、続けたいという気持ちが育まれるのです。

特に子どもであれば、何かはじめるときに何年も先を見据えて、「これは将来必要になるから、これから頑張り続けよう」などとは考えません。ただ興味を持ったから試してみるだけ、楽しいから続けているだけ。

だからこそ、乳幼児期の子どもに何か取り組ませるときには、その子の好きなことを観察し、物事への興味を養うことを意識しましょう。つまり、「子どもの興味に寄り添い、ほめて、楽しく導く」ようにします。

また、勉強や習いごとの学習者を対象に行った研究では、「威圧的な両親や教師は、子どものやる気を損なってしまっている」ことがわかっているのです。

何かに取り組みだして最初の頃は、子どもの自主性を尊重し、信頼してある程度の自由を与えるとよいでしょう。そして、子どもが自主的に楽しんで取り組むようになったら、才能の伸びに合わせて、厳しさを加えていきましょう。そうすれば、どこまでも自分の力で伸びていく子どもになります。

最初に楽しめれば熱中するように

「初期」段階では何よりも楽しむことが重要。
そうすれば、熱中し大きな成果につながります。

10年後……

幼児期に楽しみながら取り組むことができれば
将来にわたって努力を重ね、得意を育むことができる。

04

Point

ポイント

□ 何かに取り組む「初期」の段階では、楽しさを教えてくれるよい指導者に恵まれることが大切。

□ 威圧的な態度は、子どものやる気を損なってしまうため、「初期」の段階では、子どもの自主性を尊重し、信頼して、ある程度の自由を与えるようにするとよい。

成功と失敗を分ける「マインドセット」

マーヴァ・コリンズのような優れた教師は、高い基準と温かい雰囲気を持っていることは前述した通りです。さらに優れた教師にはもう一つの特徴があります。それは、「知力や才能は伸ばせる」と強く信じており、学ぶプロセスを大切にしていることです。

「知的能力は伸ばせる」という考え方は「成長思考」、「知的能力は変えられない」という考え方は「固定思考」とされており、このような「人(能力・人間性)は変えられる・変えられない」ことに関する考え方のクセ(信念)は、総称して「マインドセット」と呼ばれています。

ドイツ・ポツダム大学のファルコ・ラインベルク教授は、教師のマインドセットの影響が子どもたちにどのように現れるかを調べました。

クラスがスタートした当初の学力差が、ずっと続くと考えていた「固定思考」の教師のクラスでは、その信念のままに、学年はじめの学力差は学年末にも変わりませんでした。学年はじめに学力が高いグループの子は学年末にも高いグループに、学力が低いグループの子は低いグループに属していました。

それに対し、どんな子でも学力を伸ばすことができると信じている「成長思考」の

Column

子育ての「成長思考」と「固定思考」

成長思考

- □「今できなくても、成長すればできるようになる！」
- □「私は計算苦手だけど、この子はきっと大丈夫ね！」
- □「この子にはまだ開花してない才能がいっぱいね！」

固定思考

- □「今できないことは、成長してもできっこない……」
- □「私が計算苦手だから、この子もきっとそうよ……」
- □「どうせ、この子に特別な才能なんてないのよ……」

教師のクラスでは、学年はじめの学力の高い低いにかかわらず、どの子もみな学年末には学力が高いグループに属するようになっていたのです。

このように「やればできる」という信念を持って指導にあたった教師のもとでは、子どもたちの学力差はなくなります。「成長思考」の教師は、「できない」子どもたちの心を動かす方法を心得ていたのだといえるでしょう。

「成長思考」の教師は「学ぶことが大好き」だという特徴があります。また、当然「教えることも大好き」です。なぜなら、「教える者は、教えられる」の格言通り、「成長思考」の教師にとっては「教えることが最高の学びの場」なのです。

親も教師も人間を育てるという任務と、子どもたち一人一人が持っている可能性を十分に発揮させるという使命を帯びています。その使命を果たし、子どもたちの潜在能力を最大限に発揮させるためにも「マインドセット」を「成長思考」にすることが大きなカギを握っているといえるでしょう。運動をすると筋肉が成長するように、脳も使うほどに成長していきます。

また、「マインドセット」は学業のみならず、スポーツ、音楽、ビジネス、恋愛、人間関係など、人生全般に関わるような、大切な考え方です。

成長思考の根底にある、「人は変われる」というこの考え方のクセ（信念）を身につけることで、人生のあらゆる問題は解決でき、充実したすばらしい一生を送ることができるようになるでしょう。

第6章

「EQ力」を高める！
メソッド6／心も体も成長する……

愛情豊かな「触れ合い」

01

奇跡を起こす、幼児期の「スキンシップ」

「スキンシップ」には、絶望的な状態から回復する、奇跡的な力があります。

近年、少子高齢化の波を受けて、今まで以上に子ども一人一人を大切に育てようという気運が高まってきており、その表れとしてか、乳幼児の研究を扱う、「日本赤ちゃん学会」は毎年のように参加者が増え、活況を呈しています。

しかしその半面、日本でも貧富の差が広がり、子どもの貧困が取り沙汰されることが多くなってきました。実際、児童相談所への児童虐待相談対応件数でも、面前ＤＶ（子どもの前での妻や夫への家庭内暴力）や子どもへの虐待、ネグレクト（子どもの基本的要求の無視）が、年々増えているという悲しい現状が報告されています。

中でも、「心理的虐待」が増えているとのことですが、早期乳幼児期（１～４歳頃）にこういったひどい痛みや恐怖、不安、虐待が繰り返されると、当然ですが、子どもは心に深い傷を負います。そして、体内ではストレスホルモンで

01

ある「コルチゾール」が過剰に分泌され、脳と体の発達がゆがみ、後年の性格形成のかたよりや精神障害につながると指摘されているのです。

虐待やネグレクトは子どもの脳と体の発達に悪影響を及ぼしますが、一方で、愛のある接し方をすればその状態が回復していくこともわかっています。

例えば、他の子どもに比べて、ひどくやせて小柄で顔色が悪く無表情なため、検査を受けた4歳の男の子の話があります。診断の結果、身体の病気ではありませんでした。ただ、男の子は、乳児期から親に嫌われ、拒絶されていたことがわかったのです。そのため、保護入院させることになりました。

その後、病院で医療スタッフに温かくかわいがられ続けたところ、身長や体重、頭囲（頭の大きさ）が急激に伸び、入院時に2歳児レベルだったのが正常値に追いつき、表情も行動も子どもらしく明るくなったとのことです。

これは極端な例ですが、子どもの脳と心と体のすこやかな発達のためには、スキンシップを含めた、関わり方がとても重要なポイントとなります。

では、どのような関わり方が適切なのでしょうか。この章を通じて、いくつかの具体的な方法とともにそのポイントを紹介いたします。

子どもを守り育てるスキンシップ

ストレスは成長を妨げますが、
愛情を受けると体も心も発達していきます。

**幼児期にストレスがかかると
コルチゾールの影響で、
発達が遅れる。**

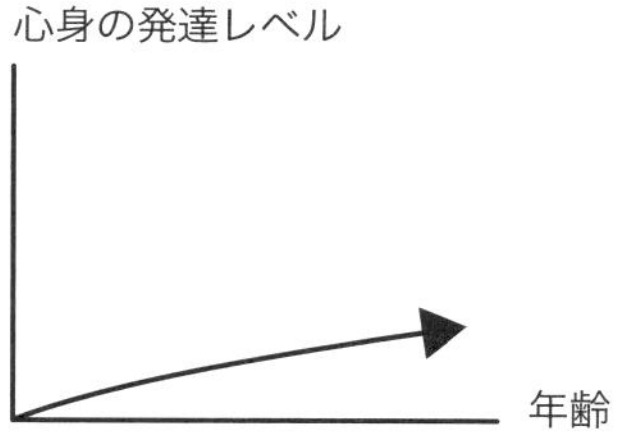

**それまで足りていなくても、
愛情を受けると、体は成長し
心も明るくなる。**

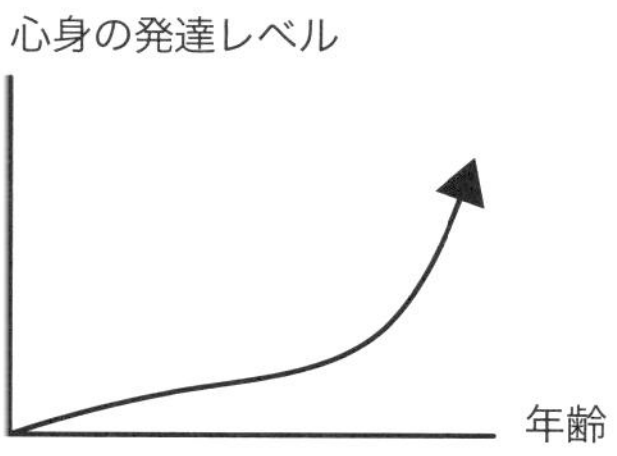

※グラフの傾斜はイメージです。

01

Point

ポイント

□ 幼少期の不安、恐怖などは、心と体の発達をゆがませる。

□ 子どもは、安心できる大人とのスキンシップによって、健康に成長できる。

02

心をつなぐ、「抱きしめ」と「タッチケア」

子どもには、心の中で思っているだけではなく、目で見て、肌でわかり、耳で聞こえるように愛情を伝えなければなりません。そのため、「抱きしめ」と「タッチケア」は、最高のスキンシップになります。幼少期の肌の触れ合いは、情緒の安定、将来の心の健康、人と親密な関係を築く力を与えてくれます。

子どもは母親に抱きしめてもらい、たっぷり愛情をかけられると、自分の存在に自信をもてるようになります。そうすると、成長に伴って、徐々に母親以外にも関心が出てきたときに、安全地帯である母親を中心に、少しずつ活動範囲を広げ、周りのものに働きかけることができるようになっていくのです。何かしら問題があったときには、安心できる母親のもとへ帰ってきて、エネルギーを充電し、また外に出ていく。そのため、たくさん抱きしめてもらった子どもは強くたくましく育っていき、心が満たされ、穏やかで、吸収力がよく、他の子どもに対して深い愛情をもった人に成長していきます。

02

EQWELチャイルドアカデミーでは、「心をつなぐ抱きしめ」をすすめており、子どもをギューッと抱きしめながら、「〜ちゃん、大好き」「〜ちゃんがいてくれて、とっても嬉しい」「いつもありがとう」と、プラスの言葉をかけます。すると、目と耳と肌から、母親の愛情がしっかりと伝わるのです。

また、赤ちゃんには適度にタッチケア（マッサージ）をしてあげるとよいでしょう。赤ちゃんとのスキンシップに関する研究では、タッチケアを行った乳児は、認知、適応の能力や、社会性が高まった上に、「身体の健康への効果」や情緒の安定や感情表出などの「心理的健康への効果」、愛着形成などの「母子関係を良好にする効果」など、多方面にわたるプラスの作用が確認されました。

タッチケアでは、赤ちゃんを優しく「なでなで」してあげましょう。室温は20〜25度くらいの場所で、生後2ヵ月くらいから1回約15分程度が適していきます。マッサージオイルを塗って行うのもおすすめです。

はじめるときに、赤ちゃんと目を合わせて「今からマッサージをはじめようね」と声をかけ、赤ちゃんの全身を足からはじめて、おなか、胸、肩、腕、手、背中、お尻へと、ゆっくりと優しく「なでなで」してあげます。

声かけと表情も忘れずに

言葉のわからない赤ちゃんにも
しっかりと声をかけ、笑顔でスキンシップをしましょう。

いつもありがとうね！
～ちゃん

他にはこんな声かけも

・～ちゃん大好き。
・～ちゃんがいてくれて、
　とっても嬉しいよ。

はじめましょうねー

ポイントは２つ

・室温は20～25度くらい。
・１回約15分程度で、足から
　はじめて優しく全身をマッサージ。

02

Point

ポイント

☐「抱きしめ」と「タッチケア」は、子どもの情緒を安定させ、社会性を育て、親子の愛情を深める効果がある。

☐「抱きしめ」と「タッチケア」は、優しく言葉をかけながら行うことで、効果が高まる。

03

「俯瞰力」を育成させる父親ミッション

子どもとのスキンシップにおいては、母親だけでなく、父親にも欠かせない役割があります。元ウィスコンシン大学教授のハリー・ハーロウは、アカゲザルを用いた実験で、「母親の愛情」と「父親の愛情」のバランスについて、大切な視点を提示してくれました。

彼の研究によれば、子ザルが成長しても母親だけがいつまでも密着していた場合、人間でいう「マザコン」状態になり、同性の仲間も少なく、成獣になっても、積極的に異性にアタックしなくなってしまったというのです。

父親のスキンシップは、「高い高い」や「おんぶ」「肩ぐるま」など、子どもに大人と同じ目線で世の中を見せ、その厳しさを教えてあげる類いのものがよいでしょう。そうすれば、物事をさまざまな角度から見る能力や空間認識能力を高めることができます。

また、父親との日常的な接触は、母親だけに愛着を抱くのではなく、より広

03

い関係性の中に自分を位置づけるきっかけにもなります。

成長すると、ある光景を一点からだけではなく、いくつもの視点から同時に眺めることができるようにならなければなりません。この能力は「俯瞰力」と呼ばれていますが、あらゆる分野の「一流」とか「達人」と呼ばれている人々は、この能力を身につけているといえるでしょう。

さらに、父親も子どもと触れ合うことにより、神経伝達物質である「オキシトシン」（詳しくは148ページを参照）が分泌され、わが子への愛着が湧き、父親としての自信が深まり、子育てに積極的に関わるようになります。

これらのことから、父親が早いうちに子どもとスキンシップを取ることは、子どもにとっても父親にとってもよいことずくめなのです。

昨今、「イクメン」が増加していますが、よりよい家庭を築くためには、歓迎すべき傾向であるといえます。

もし近くに父親がいない場合は、意識して近場の親戚や祖父、知人などと触れ合うような機会を設けるとよいでしょう。また、男性スタッフのいる園や運動教室、施設でスキンシップを取ってもらうようにお願いするのも手です。

お父さんとのスキンシップ

父親と触れ合うことは、子どもにいろいろなことを教え、
見える世界を変えてくれる効果があります。

**父親とのスキンシップは、
子どもの目線では見えない世界を
体験させてあげるチャンス。**

03

Point

ポイント

□ 母親とのスキンシップばかりだと、いわゆるマザコンになってしまう危険性がある。

□ 父親と子どものスキンシップは、子どもの俯瞰力（物事を広くみる力）を養い、同時に、父親の子育てに対する責任感を強める。

04

愛のホルモン「オキシトシン」で社交性と信頼を

近年、育児を促すホルモンとして「オキシトシン」が注目されています。

これまで、オキシトシンは、母乳の出を促し、母子間の感情的な絆を形成するホルモンであることが知られていました。そのため、女性特有のホルモンだと勘違いされがちですが、多くの研究の結果、実は老若男女を問わず分泌されることがわかったのです。快いタッチやマッサージなどのスキンシップにより分泌され、不安の減少やストレスの軽減、痛み感覚の減少、社交性の増強、好奇心の増進、学習の促進にいたるまで「やすらぎと結びつきと成長」をもたらすさまざまな効果があることも、幾多の研究で明らかになっています。

なでたり、抱っこしたりなどのスキンシップをしているときには、「オキシトシン」が分泌され、不安やストレス・痛み感覚が減少し、人への信頼感が増し、健康が増進します。また、オキシトシンは目と目を合わせる「見つめ合い」でも分泌されます。そのため、赤ちゃんに授乳をしているときには、目を見な

04

がら優しく声かけをしましょう。

一方で、「オキシトシンがたくさん分泌されると、仲間（家族・子ども・自分と同じ民族）は守るが、仲間以外に対しては逆に攻撃的になる」という副作用も指摘されています。

これについて、2016年に横浜で開催されたICP2016という国際心理学会議において、オキシトシン研究で有名なオランダ・アムステルダム大学のカルステン・ドルー教授は、次のように語りました。

「オキシトシンがたくさん出ると、仲間への信頼と協力、仲間を守る行動は増すが、基本的に、仲間以外に対して攻撃的にはならない。しかし、仲間以外の存在が自分たちの生命を脅かす存在となるときにのみ、身を守るために仲間以外（＝外敵）に対して攻撃的になることを何度も確認した」

つまり、「オキシトシン」は、基本的に仲間との信頼・協力を促す「愛のホルモン」で、危機に際してのみ、外敵から仲間を守る「勇気のホルモン」の働きをするということです。子どもとの触れ合いの中で、「オキシトシン」を分泌させ、愛情豊かな子育てを心がけましょう。

スキンシップの見えない効果

親子の肌の触れ合いはオキシトシンを分泌させ
ストレスや不安を軽減し、人間関係をよくします。

**快いタッチや軽いスキンシップで、
愛のホルモン「オキシトシン」が分泌される。**

↓

**不安の減少やストレスの
軽減。**

社交性、好奇心の増進。

04

Point

ポイント

- 愛情を深めるオキシトシンは、軽いスキンシップでも分泌され、ストレス低減などの効果を発揮する。
- オキシトシンは、仲間を守るときにも力を発揮する「勇気のホルモン」でもある。

共働き家庭の「子どもとの接し方」

厚生労働省が毎年発表している「国民生活基礎調査」によれば、共働き世帯の数は、2000年代に1000万世帯を超え、2017年時点では、実に1188万世帯にまで増加しています。

共働きをしている家庭の大きな悩みが、子育て、特に「子どもと接する時間」は十分なのかというものです。1980年代の初めには、共働き家庭は今の半分ほどしかなく、現代の親世代の多くが、子どもの頃、母親と一緒に過ごしたことを鮮明に覚えています。昔ながらの価値観を持っていると、不安になるのも仕方ありません。

子育てに熱心でも、親として子どもと接

共働き家庭の推移

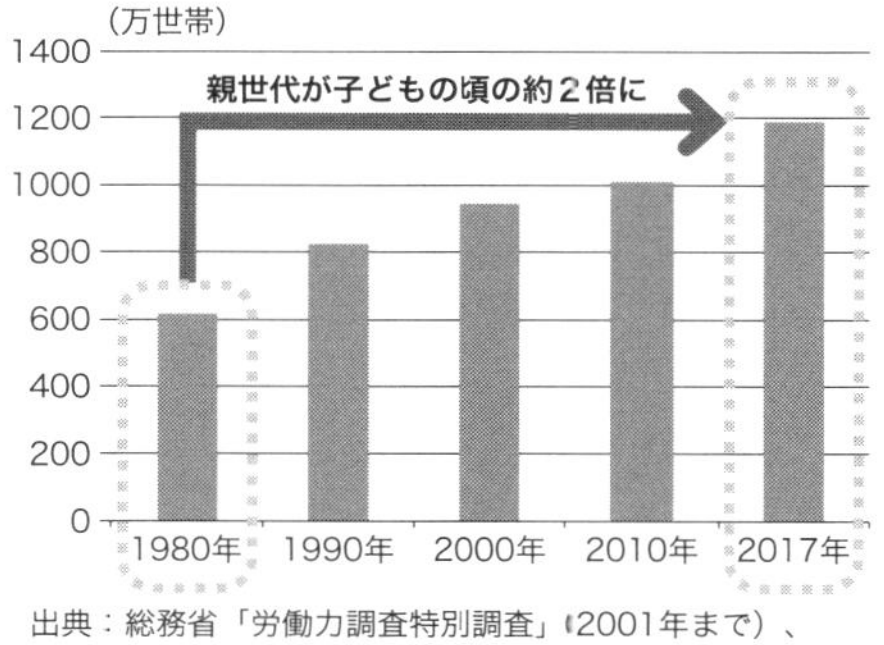

出典：総務省「労働力調査特別調査」（2001年まで）、「問う動力調査（詳細集計）」（2002年以降）より作成。

Column

する時間を確保することが難しく、ふがいない気持ちになることがあるのは間違いないでしょう。しかし、安心してください。子育てでは接する時間の長さではなく、どう接するか、愛情を持って接することができるかといった、密度の方が重要なのです。

だから、一緒にいるときにはしっかりと子どもと向き合えば、時間の短さを気にする必要はありません。これには、科学的な裏づけもあります。

1. 保育園で過ごす時間の長さは子どもの発達にはほとんど影響がない

2. 家族で食事をしているか、親に育児相談をする相手がいるかなどの要因が子どもの発達を左右する

この研究の中心となったのは、筑波大学の安梅勅江教授で、研究班は5年間、185名の子どもを対象に、発達調査と親へのアンケートを実施しました。

その結果、保育時間の長さは、子どものコミュニケーション能力や運動能力に影響していないことがわかったのです。

また、家族で食事をする機会がめったにない子どもに関しても、重要な事実がわかりました。そういった子どもたちは、家族で食事をしている子どもたちと比べて、次のような差があるのです。

1. 他人の問いかけに答える、対人技術の発達が遅れるリスクが70倍高くなる

2. 理解度が遅れるリスクが44倍高くなる

さらに、親に育児の相談相手がいない家庭の子どもは、指で物をつかむといった運動能力(巧緻性)の発達が遅れる傾向も見られました。

この結果を受けて、安梅教授は、「短時間でも(一緒に食事をするなど)親子が適切に触れ合い、質の高い保育をすれば子どもの発達に問題はないことが統計で示された」としています。

育児においては、保育の形態や時間ではなく、子どもの発達に適した育児環境がきちっと準備されていて、保護者に相談相手がいて、保護者が育児に対する自信を持てるかどうかが、子どものすこやかな成長に大きく関わっています。

従って、共働きで子どもと接する時間が短くても気にすることはありません。そのかぎられた時間の中で密度が濃く、質の高い接し方ができれば、子どもの頭も心も体もすくすくと健全に育っていくのです。

第7章

「EQ力」を高める！
メソッド7／どんな逆境にもへこたれない……

「やり抜く力」の伸ばし方

01 人生すべての成功を決める「やり抜く力」とは？

「人生を成功へと導く究極の能力は、『やり抜く力』である」

人の成功に関する研究で、アメリカの「天才賞」と呼ばれる「マッカーサー賞」を受賞した、ペンシルバニア大学のアンジェラ・ダックワース教授は、「やり抜く力」を「情熱と粘り強さを併せ持っていること」と定義しています。

これは、日本で「努力」「根性」「堅忍不抜」と呼ばれている資質だといえるでしょう。物事を成し遂げるために、これらが重要であることは、昔から当たり前のようにいわれています。しかし、その科学的な根拠は、示されているのでしょうか。

1940年にハーバード大学の研究者たちは「人々がより幸福になり、人生で成功を収める秘訣を探るための研究」を行いました。「トレッドミル実験」と呼ばれているものです。

トレッドミルとは、トレーニングジムにある傾斜を変えられるランニングマシンのことで、この実験では「スタミナと意志力の強さ」を調べるために、学生たちは5分間、かなりの急傾斜と速度に設定されたトレッドミルで走るように指示されたのです。

結果、学生たちがもちこたえた平均時間は4分で、中には1分半しかもたなかった学生もいました。そして、実験に参加した学生たちを対象に、その後、定期的に追跡調査が続けられました。

すると、参加者たちが60代になった頃の心理学的適応（一般的な社会生活を問題なく送れること）は、20歳のときにトレッドミル実験で走った分数から、かなり正確に予想できることがわかったのです。さらに詳しく調べると、走った分数の長さは体格や基礎体力とは関係がなく、意志力の強さに関係していることも判明しました。

すなわち、人生の長いマラソンでどこまで頑張れるかは、体格や基礎体力の違いによるのではなく、つらい中でも努力を続ける意志力の強さにかかっているのです。この「努力を続ける意志力の強さ」はまさに「やり抜く力」であるといえます。

「やり抜く力」のヒミツ

人生を成功に導く究極の力について、
理解しておきましょう。

やり抜く力　＝　情熱 ＋ 粘り強さ

情熱と粘り強さに裏づけられた「やり抜く力」は
体格や体力に関係しない資質です。

01

Point

ポイント

□「やり抜く力」（情熱と粘り強さ）が、人生の成功を決めるカギになる。

□若い頃の「やり抜く力」の強さは、年齢を重ねても衰えない。

02

「マインドセット」を、「成長思考」に変換する

どうすれば「やり抜く力」を、育むことができるのでしょうか。

「やり抜く力」の基盤には、5章の【コラム】で紹介した、「マインドセット（考え方のクセ）」が大きく関わっています。

まずは、みなさんの知的能力に関する「マインドセット」を調べてみましょう。次の4つの項目を読んで、それぞれ賛成か反対かを考えてみてください。

1. 知的能力は人の基本的な性質であり、ほとんど変えることはできない。
2. 新しいことを学ぶことはできるが、知的能力自体を今よりも向上させることはできない。
3. もともとのレベルにかかわらず、努力次第で知的能力はかなり向上させることができる。
4. 知的能力はつねに大きく向上させることができる。

この項目を作成したスタンフォード大学のキャロル・ドウェック教授による

02

「マインドセット」を、「成長思考」に変換する

と、1と2に賛成で3と4に反対した場合は、「知的能力は変えられない」という考え方をする「固定思考」型の人であるとされています。

一方、3と4に賛成で1と2に反対だった場合は、「知的能力は変えられる（伸ばせる）」という考え方を持った「成長思考」型の人であることがわかります。

「マインドセット」が違うと、困難やピンチ、挫折の捉え方が大きく異なることは前述した通りです。「固定思考」の人は、挫折の経験を「能力がない証拠」として解釈し、「成長思考」の人は、「努力が足りなかった証拠」と受け取ります。

さらに「固定思考」の人は、挫折後に努力しなくなってしまい、「成長思考」の人はいっそう努力するようになるので、結果として、両者の間には、大きな差が生まれるのです。

「マインドセット」は「やり抜く力」にも関係があり、「成長思考」の人は「固定思考」の人に比べて、「やり抜く力」がはるかに強いことが、2000名以上の学生を対象とした実験でわかりました。

「やり抜く力」を養うためには、まず、「マインドセット」を「成長思考」に変換させることからはじめましょう。

「やり抜く力」を伸ばすマインドセット

やり抜く力を育むのは、成長に対する
前向きな考え方です。

× 固定思考型の
マインドセット

○ 成長思考型の
マインドセット

「やり抜く力」を伸ばすのは
成長思考型のマインドセット。

02

Point

ポイント

□「成長思考」の「マインドセット」を持つ人は、努力を続けることができる。

□「やり抜く力」を伸ばすには、まずは、「マインドセット」を変えること。

03 才能・結果ではなく、努力をほめて、継続・改善を

「やり抜く力」において重要な「努力すること」は、一つの結果に満足せず、継続的に改善を繰り返すことのできる力だといえます。

心理学者のテウン・パクは、小学校1、2年生のクラスを対象に1年間行った研究で、教師が成績のよい生徒を特別扱いし、ほかの生徒よりどれだけできたかを強調したクラスでは、いつの間にか子どもたちに、「努力では何も変わらない」という、「固定思考」が植えつけられていたことをつきとめました。そのクラスの子どもたちは、頭を使うことよりも、「正解できるように」と、簡単な問題を好むようになっていたのです。さらに1年間の終わりのアンケートでは、「頭のよさはもともと決まっているもので、ほとんど変わらない」という項目に賛成する割合が、他のクラスに比べて高くなっていました。ここで行われたのは、第3章で紹介した、もともとの能力（才能）を重視する接し方だといえます。

03

別の研究では、子どもがミスをしたときに、「ミスをするのは悪いことで、問題だ」という態度を示すと、子どもたちが「固定思考」になる割合が高くなることがわかりました。この接し方を続けると、子どもたちはミスをいやがるようになって、簡単な問題にばかり取り組み、新しい問題や難しい問題にチャレンジしなくなります。なぜなら、新しい問題や難しい問題では必ずといっていいほど、ミスをするからです。

本来はミスを通じて、そのミスを減らすためにはどうすればいいのかを考え、試し、成長していくもの。それにより「やり抜く力」が育つのですが、固定思考的な接し方は、そのチャンスを奪ってしまうことにほかなりません。

子どもたちは、成長の途上にあり、多くのミスを犯します。しかし、そのミスが大人になったときに、その子を苦しめるでしょうか。それよりも、失敗を恐れず、失敗から学び、物事に真摯に取り組む姿勢を身につけることの方が、大切ではないでしょうか。「やり抜く力」を伸ばすには、才能・結果ではなく、努力をほめて、現状を認めた上で、継続・改善を促す言葉かけをしましょう。すると、子どもの「成長思考」が培われ、「やり抜く力」が育まれるのです。

「やり抜く力」を伸ばすほめ方

才能や結果ではなく、努力をほめることが
「やり抜く力」を育む秘訣です。

NG

OK

**才能や結果をほめると、ミスを怖がり
「やり抜く力」は身につかない。努力をほめよう！**

03

Point

ポイント

- 才能・結果をほめると「固定思考」になり、努力をしなくなってしまう。
- 「やり抜く力」を伸ばすには、努力をほめ、継続・改善を促す言葉かけをすること。

04 その進捗は、「毎日の取り組み」で決まる！

生活習慣や趣味の時間、継続的な勉強など、毎日の生活が、「やり抜く力」を育てることにつながります。

東大生家庭と一般家庭の、乳幼児期の子育てに関する調査結果では、いくつかの点で、それぞれに異なる特徴が見えてきました。

まずは、睡眠です。基本的には夜9時頃に寝て、朝7時頃に起きるのは変わらなかったのですが、東大生家庭の中には早く寝かしつける家庭があることがわかりました。早い家庭では8時台に寝かせるようにしていたのです。

睡眠は身体の成長のみならず、記憶を定着させたり、ストレスを解消したりするのに欠かせないので、東大生家庭では意識的に睡眠をたくさん取るようにしていたことがうかがえます。

毎日の取り組みには、絵本の読み聞かせや、図鑑を開く、知育グッズを使った遊びなどが挙がりました。

04

そして、最も注目すべきことが、「ドリルの継続」でした。ドリルへの取り組みを調べると、「ほとんど毎日」は、東大生家庭が21・7％に対し、一般家庭は7・7％と、約3倍の差があり、「週に3〜4日」でも、約2倍の差がありました。これが「週に1〜2日」で東大生家庭が10・0％に対し、一般家庭は17・9％とようやく逆転したのです。幼少期において、ドリルは学習習慣をつけるためにとても効果的な取り組みとなります。

2017年の国際物理オリンピックで3年連続の金メダルを受賞した、EQWELチャイルドアカデミー卒業生の渡邉明大さんは、幼児期にたくさんドリル学習をしていました。明大さんを見ると、このドリルによって学習習慣と「やり抜く力」が身についたことは明らかです。

取り組む際は、とにかく「毎日続けること」が大切です。無理にやらせたり、「できた」「できなかった」と結果だけを子どもに求めたりするのではなく、「ドリルは楽しいものだ」と思ってもらうようにしましょう。

毎日の習慣としてドリルを楽しんでくれるようになったら、こっちのもの。子どもは、どんどん「やり抜く力」を育んでいきます。

東大生の「やり抜く力」を育んだヒミツ

**毎日の規則正しい生活と、習慣の継続が
「やり抜く力」を育てるカギです。**

充分な睡眠

読み聞かせ

図鑑を開く

**Q.あなたはどのくらいドリルに
取り組みましたか？**

	ほとんど毎日	週に3～4日	週に1～2日
東大生家庭	21.7	21.7	10.0
一般家庭	7.7	9.3	17.9

出典：「プレジデント Baby 2016」より作成。　単位：%

04

Point

ポイント

□ 睡眠の習慣や読書などの毎日の取り組みも、「やり抜く力」を養う。

□ ドリルは、継続と努力を学ぶ上で、非常に効果的である。

英語はいつ頃からはじめたらいいの？

英語と幼児教育の関係では、「外国語の学習をはじめるのが早ければ早いほど、より効率的かつ効果的に外国語を学習することが可能になる」という研究結果がたくさん存在しています。

実は、言語の習得には「発達性感受期」と呼ばれる、学習に最も適した時期があるのです。

特に、生まれてから10ヵ月頃まで、脳は言語の音を最適な形で習得します。また、外国語の文法習得の処理は、外国語学習の時期が1〜3歳の間は、母国語と同様に左脳で行われ、4〜6歳の間は、右脳左脳の両方が必要となり、11〜13歳の間だと、母国語以外は、それまでとは異なる脳活動パターンで処理されるようになるのです。

すなわち、幼少期に絵本などを通して自然に文法（語順や時制など）に触れると、効率的な言語処理の回路を使うことができますが、遅くに触れると、別の効率の低い回路を使う結果になるのだと考えられます。

アクセントに関していうと、12歳になるまでに、最も効率的に習得することができるという研究結果があります。

発達性感受期を有効に過ごし、ネイティブ並みに外国語を使いこなせるようになるには、早くから外国語学習をはじめた方がよいでしょう。

Column

もちろん、言語は生涯を通じて学習することが可能ではありますが、青少年や成人になってからの外国語の習得は、早いうちからの学習と比べると難しくなるのは間違いありません。

一方、英語の早期教育には否定的な見方もあります。

代表的なものは、英語の早期教育でバイリンガルになると、ある概念を2つの言語で理解できるようになりますが、半面、それぞれの言語に深みが出にくく、どっちつかずになりやすいというデメリットを指摘する意見です。

ただし、このようなケースはどちらの言語も入出力が十分でないことが原因であると考えられます。

両方の言語で豊かな入出力をするように子どもへ働きかけると、母国語と外国語が互いに刺激し合って、言語感覚がより磨かれていきます。実際に英語圏におけるバイリンガル研究では、英語と外国語のバイリンガルの人は、英語のみのモノリンガルの人よりも読解力が高いことがわかっています。

また、本当の意味での国際人を育てるには、英語教育よりも日本語と日本の伝統・文化・慣わしなどを、先に身につけさせることが大切だという意見もあります。これには一理あるので、インターナショナルスクールに子どもを通わせる場合はこの視点を忘れずに、家ではしっかりと日本人としての素養を身につけさせるように心がけるとよいでしょう。

このように、英語の早期教育に関してはさまざまな視点がありますが、ＥＱＷＥＬチャイルドアカデミーでは、０歳からはじめるメリットをしっかりと活かしながらも、真の国際人になれる方法を提唱しています。

まず、「英語耳」を身につけるために、早いうちから良質な英語のＣＤを80～１００分かけ流すという方法です。

自宅ではこれを続け、日常は母国語である日本語で接するようにします。

それとともに、週1回のレッスンにおいて、英語のシャワーを浴びることで、英語耳を作り、英語に対する親近感を持つことを目指します。すると、乳幼児期に英語学習をすることで、最も恩恵の大きいリスニング力が身につき、英語に対する苦手意識も生じることがありません。

この基礎づくりが、その後の英語学習に活きて、本格的に学びはじめたときにネイティブ並みの英語力が身につくようになるのです。いわば、母国語（日本語）を自然に学びながら、最小の努力でバイリンガルになる方法だといえます。

さまざまな考え方と方法論が提唱されている早くからの英語学習。

こういった情報をもとに、わが子にどのようになってほしいかをしっかりと考えてから、最適な環境を用意してあげることをおすすめします。

第8章

「EQ力」を高める！
メソッド8／子どもの意欲を引き出す……

「率先垂範」のススメ

01

禁句はコレ！「勉強しなさい」という6文字

学校や塾の宿題があるのに、だらだらとテレビを見たり、ゲームやマンガに夢中になったりしている子どもたち。そんな姿を見ると、ついつい出てくる言葉、「勉強しなさい！」。果たして、この言葉は効果があるのでしょうか。

東大生に対するアンケートでは、「いわれなかった」のが約3分の2、女子にかぎれば、9割以上が「いわれなかった」そうです。京都大学に通っている卒業生に同じ質問をしたところ、「勉強しなさい」といわれていた子が若干いました。しかし、よくよく話を聞くと、その子たちは「勉強しなさい」といわれていた期間はほとんど勉強をしておらず、親があきらめていわなくなったら、なぜか自然と勉強がしたくなって、自ら勉強をはじめたとのこと。どうも「勉強しなさい」という言葉をかけることは、あまり意味がなさそうです。

慶應義塾大学の中室牧子准教授は、小学校低学年の子どもを持つ親が、家庭での学習にどのように関わるべきかを調査しています。

01

この研究では、①勉強したかを確認している。②勉強を横について見ている。③勉強する時間を決めて守らせている。④勉強するようにいっている。これら4つの項目について、親の自己評価をもとに関わりの度合いを点数化し、子どもの学習時間の増加に、どれほど貢献しているかを調べました。

その結果、ただ「勉強しなさい」というよりも、実際に横について勉強を見たり、勉強する時間を決めて守らせたりするなど、手間ひまをかけた方が勉強への意欲をふくらませることがわかったのです。

ただ、最近では共働きの家庭も多く、そんなに手間ひまをかけられないと思う親も多いことでしょう。

しかし、すべてにおいて「親がやらねば！」と意地になる必要はありません。同じ研究で、祖父母や兄姉、親戚といった「その他の同居者」が子どもの勉強を見たり、勉強する時間を決めて守らせたりするのも、親とあまり変わらない効果が見込めることがわかったのです。その結果を受けて、中室准教授は「すべてを親が抱え込まず、子どもの勉強で困ったときは、学校や塾、家庭教師の先生などを含む身近な人に頼ってもよいと思う」と述べています。

学習意欲を高める関わり方のヒミツ

「勉強しなさい」ではなく、次のうち②と③が
学習意欲を高める正しい関わり方です。

親の家庭学習への関わり方４パターン

①勉強したかを確認している
②勉強を横について見ている
③勉強する時間を決めて守らせている
④勉強するようにいっている

勉強させる効果が高いのは②と③

ポイント

1. 女子に対して母親が「勉強しなさい」というのはマイナス効果
2. 男の子なら父親、女の子なら母親が勉強に関わると効果的

01

Point

ポイント

□ 子どもの学習意欲を引き出すには、「勉強しなさい！」では効果がなく、横についてて教える方がよい。

□ 勉強を見るのは、親以外でも効果がある。

02 あなたが、子どもにとっての最高の「見本」になる！

優れたバイオリニストを数多く育てたことで知られる「スズキ・メソード」。その創始者である鈴木鎮一《しんいち》氏は、一流を育てるための方法について、親が進んで取り組み「率先垂範を実践すべし」と、次のように述べています。

「バイオリンを習いたいといってきた子どもたちには、最初からバイオリンを持たせることはしません。まずは、その親にバイオリンで一曲弾けるようになるまで指導します」

親が弾けるようになってくると、子どもにとっては、バイオリンのある環境が自然なものとなります。そして、そのうちに「自分も習いたい」という意欲が、自然と湧いてくるのだそうです。そうしたときに、はじめてバイオリンを持たせると、子どもはみるみる上達していきます。

普通の子どもは、自分からバイオリンを習いたいとは、なかなか思わないでしょう。そのような子どもに、無理やり取り組ませても、決して上達は見込めません。

だからこそ、鈴木氏はまず自分から弾きたいという気持ちにさせること、意欲を持たせることが熟達への第一歩だと考えているのです。理化学研究所・脳科学総合研究センターの故・松本元ディレクターは、このスズキ・メソードに対して、「ある目的に価値を認め、意欲を持つことによって学習性を高めるという脳の特性とよく合致しています」と述べました。

また、本田真凜さん、望結さん、紗来さんの父親である本田竜一氏は、長男の太一さんが幼稚園生のときに、英検３級を受けさせたいと思いました。しかし、いまいち、やる気が湧かなかった太一さんの様子を見て、太一さんと一緒に、英検３級を受けることを決意し、勉強をはじめたそうです。そんな父親の姿を見て、太一さんも勉強に熱が入り、見事二人一緒に合格することができました。

何かに取り組むとき、子どもたちの意欲を引き出すために重要なポイントは、「まずは親が実践すること」、すなわち「率先垂範」であるといえます。親が本気で取り組むと、子どもは「きっとこれは楽しいことに違いない。重要なことに違いない」と思い、関心を示すようになるのです。

親の姿が子どもに好影響を与える

親が楽しく真剣に取り組むことが、
子どものやる気に火をつけます。

NG

OK

02

Point

ポイント

□ 習いごとや勉強などに嫌々ながら取り組んでも、上達は見込めない。

□ 真剣に取り組んでほしいことは、親が率先して取り組む姿勢を見せることで、子どもを本気にさせることができる。

03

子どもが自ら育つ力、「子育ち力」を刺激する

この率先垂範の効果は、子どものやる気を高めることだけではありません。子どもは、親の背中を目指して、勝手に育っていくようにもなります。

私自身のことをいえば、男の子だからでしょうか、思春期に無性に父親が疎ましく感じるようになり、反抗心が芽生え、最後には「父親のようにはなりたくない」と思うようになっていました。

その後、学生時代に「このままではいけない」と思い、さまざまな心理ワークによって父親に対する悪感情を解消し、今では「とても大切で尊敬すべき人間である」と感じるようになりました。しかし、その父親を疎ましく感じていたときも、大切に思うようになった後も、変わらず自分がさまざまな面で父親に似てきていると感じています。

私の父は研究者で、いつも研究や趣味に忙しく、物心がついてからは、ほとんど一緒に遊んだ記憶がありません。子ども時代には、直接育ててもらったと

03

いう覚えがないのです。しかし、中学、高校と進むにつれて、いつの間にか父と同じように学問に楽しさを感じるようになり、学生時代には父と同じ生物系の学科を選び、父と同じように研究の道に進んでいました。今になって振り返ってみると、父親を見本にして、父親の背中を目指して勝手に育っていたのだな、ということがよくわかります。ということは、私にも子どもがいますが、同じように、本人が望む望まないに関わらず、今の私の姿を目指して（または反面教師として）育っていっている。ある意味、「育てる」ことを意識しなくても、子どもは勝手に「育つ」ものなのです。

筑波大学の安梅勅江教授は、このように子どもが自ら育つ力を「子育ち力」と呼んでいます。子育ち力を引き出し、発揮させるためには、子どもを信頼し、子どもが育つ環境の質を高めることが重要だといわれています。

子育ち環境には親の在り方・接し方も含まれるので、質を高めるためには「私も、もうちょっとしっかりとした人間にならなければ」と思いつつ……。なかなかそう急には変われないのが人の性《さが》。それでも少しずつ、「子育ち力」を刺激できるようになっていきたいものです。

子どもの育つ力

子どもは周りの様子をよく観察しています。
親の背中を見て、育っていくのです。

**子どもは「育てる」ことを意識しなくても
自分で「育つ」力を持っています。**

03

Point

ポイント

□子どもには、親の背中を見て育っていく「子育ち力」がある。

□親は、子どもの子育ち力を信じて、あれこれ手を尽くし、思い悩むのではなく、成長によい環境を整えてあげればよい。

04

主語を「私」に変えて、まず、自分が「なる」!

「子どもには賢くなってほしい」
「将来自立して、たくましく生きてほしい」
「強くて優しい人間になってほしい」

親ならば誰しも、大なり小なり子どもに対する期待を、胸に抱いているものです。もちろん、そのことを口に出して伝えるのも大切なことでしょう。しかし、率先垂範を意識すると、口に出すよりももっと効果的に子どもに伝わる方法があることは、もうおわかりかと思います。それは、「子どもに～になってほしい」から、「私は～になる」に変えることです。

先の例でいえば、次のようになります。

「子どもには賢くなってほしい」→「私は賢くなる」
「(子どもが)将来自立して、たくましく生きてほしい」→「私は自立してたくましく生きる」

04

主語を「私」に変えて、まず、自分が「なる」！

「（子どもには）強くて優しい人間になってほしい」→「私は強くて優しい人間になる」

子どもに望んでいることの主語を、「私」に変えて、子どもに対する期待を自分の目標に変えてしまいましょう。そして、日々、少しでも目標に近づけるように努力し続けるのです。

子どもは親のしたことをまねるもので、いわば優れた観察学習者。「遅延模倣」といって、いつの間にか観察していたことを、後の適切な場面でやってのけてしまう能力を生まれながらにして持っています。これは、たった1回見ただけで、自分のものにしてしまうことができる、効率的な学習能力であるともいわれています。

子どもが持つその能力を活かして、何度も何度も目標に向かって努力する姿を見せましょう。そうすれば、自ずと子どももその姿勢をまねて、気づいたときには期待に応えるすばらしい成長を遂げてくれているはずです。

このことから、「勉強しなさい」といわずに、自ら勉強する子どもにするための方法も導き出されますね。まず、親が自ら勉強をはじめればいいのです。

主語を「私」にするいい換えを学ぼう

無理に子どもを変えようとするのではなく
まずは、自分が変わってみようと思いましょう。

「あなた」ではなく「私」を変える。
一緒に考えてみましょう！

□ 優しくて明るい子になってほしい……。
→ 私は優しくて明るい母になる！

□ 自立してたくましく生きてほしい……。
→ 私は自立してたくましく生きる！

□ 家族を大切にする人になってほしい……。
→ 私は家族を大切にする！

□「ありがとう」を言える人になってほしい……。
→ 私は「ありがとう」を忘れないようにする！

04

Point

主語を「私」に変えて、まず、自分が「なる」！

ポイント

- □ 子どもは優秀な観察学習者で、見たことをまねて自分のものにしてしまう力がある。
- □ 親が「（子どもには）こうなってほしい」と思うことを、「自分はこうなる」に変えると、子どもによいお手本を示すことができる。

自己実現のためのイメージトレーニング

率先垂範と、口でいうのは簡単ですが、実際に行動に移すのは簡単ではないかもしれません。「理想の自分」「なりたい自分」を目指して新しい取り組みをはじめたのに、なかなか続かないということもあります。では、どうすれば、やる気を維持して、取り組みを続けることができるのでしょうか。

その方法の一つに「イメージトレーニング」があります。

特におすすめなのが、「理想の自分」「なりたい自分」になった様子をイメージして、よい気分に浸る、という方法です。すると、やる気が続き、「理想の自分」「なりたい自分」への道筋が見えてくるのです。

その次の段階では、そのイメージを実現するための具体策を必死に考えます。「この未来を実現するためには、どうすればいいか」と、感情を抜きにして、論理立てて頭を働かせるのです。これは大変な作業ですが、成功したときのイメージと喜びの感覚があるから、理性を駆使したロジックの積み重ねも楽しくて仕方がなくなってくるでしょう。このように、イメージをうまく活用すると、自分のやる気を高め、維持していくことができます。

イメージの持つ力については、科学的な根拠が示されています。それが、次に紹介する、ピアノ演奏のイメージトレーニング

Column

による、脳の変化を調べた研究です。

実験では、まず実験参加者を3つのグループにわけました。

グループ1 「実際のピアノ練習」
グループ2 「ピアノのイメージトレーニング」
グループ3 「特に何も練習しない」

この練習を、毎日2時間ずつ、5日間にわたって行い、毎回の練習後に指を動かす部分の脳活動の変化を調べ、学習度テストを行いました。

脳活動の変化の結果を見ると、ピアノの練習をしたグループ1とイメージトレーニングをしたグループ2ではほぼ同じくらいの上達が認められたのに対し、練習をしなかったグループ3ではまったく上達が認められませんでした。このことから、イメージトレーニングは実際の練習と同じくらいの効果があることがわかります。

また、学習度テストの結果を見ると、ピアノの練習をしたグループ1は、毎日どんどんミスが減り、5日後にはほとんどミスをしなかったのに対し、練習をしなかったグループ3はミスの数がほとんど減らず、上達が見られませんでした。

そんな中、イメージトレーニングをしたグループ2では、毎日少しずつミスが減り、5日後にはピアノの練習をしたグループと練習をしなかったグループの中間くらいのミスの数になりました。さらに、5日間の練習後、イメージトレーニングをしたグループが、実際に指を動かすピアノの練習を2時間行ったところ、ミスの数がピアノの練習をしたグループとほぼ同じくらいに減りました。

このことから、イメージトレーニングは実際の練習と組み合わせると、非常に効果的なことが理解できます。

この実験からもわかるように、「脳は『実際の経験』と『想像上の経験』を区別できない」のです。なぜなら、「実際の経験」も「想像上の経験」も脳の中では同じ電気信号で処理されるからです。

脳のこの機能を活用して、成功のイメージにプラスの感情を加えると、脳にはそのイメージしたことが、「快」をもたらすことであるとインプットされます。すると、その後、成功のイメージに近づくことをすると、脳が「快」の感情を感じるようになるのです。そうなると、「快」を感じることをし続けるだけで、どんどん成功のイメージに近づいていくことになり、目標達成や成功を手繰り寄せることができるのです。「子どものためにも、私が自己実現していく」

「子育てのために……」と、自分の思いを押し殺すのではなく、その代わりに私も子どもも家族もみんながうまくいっている様子を想像し、喜びに浸る、自己実現のイメージトレーニングをしてみましょう。

これから先も、大きくなっても、
好きなことに元気いっぱい取り組んでね！
あなたならきっとできるようになるから。
お母さんはずっと応援してるよ！
ABC!
ABC!

エピローグ

「EQ力」が道を拓く

最後の明暗をわける、「成功へのカギ」

オリンピックの場面で、明暗をわける「成功へのカギ」があります。出場するだけでも、想像を絶するような日々の鍛錬が必要ですが、その舞台でメダルを獲るとなると、実力以外にも必要な要素がありそうです。その「メダルを獲る人・獲れない人の差」について、日本卓球女子代表を率いて団体で2012年に銀、2016年に銅メダル獲得に導いた村上恭和《やすかず》元監督は、「メダリストになるには、本気で思っていること、途中であきらめないこと、そして、より多くの人に応援されることです」と語り、次の言葉を残しました。

「周囲に対して感謝できない人間は、成功し続けることはできない」

周囲に対して、自分の境遇に対して感謝できると、多くの人から愛され、応援されるようになります。その応援の力が、ここぞというときに最高のパフォーマンスを発揮するための後押しになるということでしょう。

福原愛選手や石川佳純《かすみ》選手をはじめ、数多くのトップ選手を育て、日本女子卓球界における黄金期を築きあげた村上元監督ならではの豊富な経験を結集した、含蓄のある見解だといえます。非情な勝負の世界で、最後の最後に明暗をわけるのは、「感謝すること」だそうです。これも「ＥＱ力」の一つです。

ＥＱＷＥＬチャイルドアカデミーにも、「感謝の心」を持ち、周りから愛され、応援され続け、第一線で活躍している卒業生がいます。幼い頃から女優業とフィギュアスケートを続けている本田望結さんです。今ではさまざまなテレビ番組やドラマ、ＣＭ、映画などに出演しています。また、フィギュアスケートでは、２０１６年の全日本ノービス選手権で入賞するほどの実力を持っています。日々、学業を怠らずに、女優業とフィギュアスケートにいそしむ姿には大人も顔負け。母である真紀さんは、「教室に通わせて一番よかったことは、感謝できる気持ちを育めたこと」だと話されます。親としては「感謝の心」と、「心の豊かさ」が育ったことが、何よりも嬉しかったということです。

子育てに、「間違い」は存在しない

この本では、「ＥＱ力」を育み、「活きる力」を獲得できる子育て法を紹介しました。しかし、日々、忙しさに追われる保護者の方は、「これらはすべて理想論じゃないか」と感じることもあるかもしれません。

現実の子育ては日々待ったなしの世界。想像の通りにはいかないことばかりでしょう。子どもは基本、問題児、ともいわれます。次々と問題を起こして、親を成長させてくれるのも子どもの役目です。

試行錯誤して、その問題を少しずつ乗り越えることで、親も子どもも共に成長していく。その成長が見えて実感できたときに、また一つ子育ての喜びを感じることができます。

そう考えれば、子育てに「間違い」は存在しません。もし間違いがあったのだとしたら、その間違いに気づき、改善して乗り越えられたときに、間違いは間違いではなく、学びを与えてくれるチャンスだったと気づくことができます。

間違いは子育ての糧となり、学びとなり、財産となるでしょう。「ＥＱ力」を養う子育ては、それに取り組む親の「ＥＱ力」も高めてくれるものなのです。

前述したように、私にも子どもがいますが、当然よいときも悪いときもあります。「これは失敗だったな……」「あのひと言は不要だったか……」と、反省したことも一度や二度ではありません。しかし、その一つ一つを思い出しても、確実にいえることがあります。それは、「親が少しくらい間違っても、子どもの方を向き続ければ、子どもは自分で育っていく」ということです。

何から何まで完璧にこなす必要はありません。子どもの成長の早さには驚かされます。新しい知識を得れば、それがどんなに小さなことでも、子どもの世界は確実に広がっていくのです。

親の完璧じゃない部分、失敗した部分、そういったことからも子どもは、「人は完璧じゃないし、失敗もする」と新たな学びを見出すことができます。そんな可能性の塊のような尊い存在を前にして、親は「私は何もできていない」「また失敗した」と考える必要はありません。それよりも、どんなことがあろうと、子どもを信じて、将来を楽しみに日々を過ごすことが大切になります。

もっとたくましく、さらに幸せに！ 人生を変える「ＥＱ力」

「ＥＱ力」を磨いた子どもたちは、どういう大人になって、どういう未来をつくっていくのでしょうか。きっと今の自分たちの世代よりも、明るくいたわりのある世界にしてくれるのだろうと信じています。

「ＥＱ力」は周りとの関係の中で育まれ、やがて、その成果が目に見えるようになります。すると、一人で黙々と課題に取り組むときにも、その先では、必ず「想いを実現して、役に立ちたい」という志と結びついていきます。だからこそ、一歩ずつ進んでいく子どもたちを見ると、大人は期待をかけたくなるし、「大丈夫！ できるよ！ 頑張れ！」と心の底から応援したくなるのでしょう。

最後にもう一度お伝えしておきたいのは、紹介した内容がすべてできる必要はないということです。何か一つでも参考になることがあれば、それを今の子育ての中に加え、実践していただければそれで十分です。本書の内容を子どもの性格や特性に合った形に変えて、日々の生活の中で続けやすいように応用していってもらうことができればと思います。

もしこの本に書かれたメソッドを少しでも実践されて、少しでも子育てが楽になったり、楽しくなったり、子どもにさらなる成長が見られたりすることがあれば、それに勝る喜びはありません。

最後に、ＥＱＷＥＬチャイルドアカデミーの生徒と保護者の皆様、先生方、ならびに本書の制作に尽力してくださったプレジデント社の金久保 徹さん、山﨑哲朗さん、スタッフの皆様に深く感謝申し上げます。

皆様の子育てがより喜びの多い、有意義なものとなりますように。皆様の子どもたちがすくすくと健康に、賢く心豊かに成長し、その子どもたちが将来この国を、この世界を、より豊かで幸せな場所にしていくことを願いつつ、筆をおかせていただきます。

２０１８年10月　浦谷 裕樹

おわりに ——「活きる≒イクウェル」

文部科学省提唱「キャリア教育」への土台を作る、幼児教室「EQWELチャイルドアカデミー」とは？

キャリア教育の必要性が叫ばれて久しい昨今。文部科学省は、「生きる力」が、その土台となるとしています。私たちは、昔から、その観点に則り、子どもたちの輝ける未来に寄り添い続けてきました。

幼児教室を続けて30年が経ち、大切な節目を機に、新たなブランド名に衣替えをした「EQWEL《イクウェル》チャイルドアカデミー」。このブランド名にはさまざまな意味と想いが込められています。

「活きる≒EQWEL（イクウェル）」

子どもたちに「活きる力」を。

これが、一番の想いです。EQWELメソッドが育むのは、子どもたちの「活きる力」。それは、「能力を活かし、活躍する力」を指しています。
また、「ＥＱＷＥＬ」のＥＱ、それが持つ意味は一つだけではありません。

・Ｅｄｕｃａｔｉｏｎａｌ　Ｑｕａｌｉｔｙ＝教育の質
・ＥＱ＝心の知能指数（Emotional Intelligence Quotient）
・育（いく）＝育児、その方法としての「知育・徳育・体育・食育・音育」

それらがＷＥＬＬ、すなわち、よりよく、うまくいく、満足いくものになる。ＥＱＷＥＬには、よりよい質の教育で、よりよく心を育て、よりよく育児ができるようにサポートする、という想いも込められているのです。

「活きる力」を高めるには、この本で紹介した「ＥＱ力」を伸ばすことが欠かせません。この「ＥＱ力」には、人間の総合力「ＥＱ（非認知能力）を柱にＩＱを加えた力」のほかに、ＥＱＷＥＬの教育の質の力という意味もあります。子どもの「ＥＱ力」を、ＥＱＷＥＬの「ＥＱ力」で引き出す。それが私たちの、この国に、この世界に対してできるささやかな貢献であると自負しています。

どのような学びができるのか

- **胎教コース〈妊娠5、6か月〜〉**
  おなかの赤ちゃんと楽しくコミュニケーションを取ったり、産後の育児についてお伝えしたりしていきます。

- **Happy Baby コース　〈生後0か月〜5か月〉**
  お母さんの不安や悩みを解消し、赤ちゃんが心身ともに健康に育つ秘訣を学ぶことができます。

- **幼児コース〈0歳6か月〜6歳（年齢別クラス）〉**
  吸収力抜群の0〜6歳。興味を引く教材、テンポで五感を刺激し、脳が持つ天才的能力を引き出します。

- **小学生コース〈小学1〜3年生〉**
  記憶力、思考力、表現力を身につけ、何のために学ぶのかという目的意識を持ち「自ら学ぶ姿勢」を育みます。

- **スーパーエリートコース〈小学4〜6年生〉**
  徳が高く、教養を持ち、何事にも一生懸命に取り組む、グローバルエリートとなるための資質を養います。

- **幼児英語コース〈0歳6か月〜6歳（年齢別クラス）〉**
  英語を英語のまま学び、「リスニングの壁」をつくらせないレッスンで、英語が聞ける、話せる脳を育てます。

- **小学生英語コース〈小学1〜6年生〉**
  話す、聞く、読む、書くはもちろん、英語で算数、地理、日本文化などを学んでいきます。

- **特別支援コース〈0歳6か月〜〉**
  ハンディがある子どもにとって、一番大切な「親子の一体感」を養い、能力を引き出すお手伝いをします。

全国教室展開中 & フランチャイズ募集中

詳しくは、EQWEL チャイルドアカデミー WEB サイトで

イクウェル　検索

EQWEL《イクウェル》チャイルドアカデミーのご紹介

脳を鍛え、心を育み、想いをカタチに。

「活きる力」を最大限に引き出すＥＱＷＥＬ独自のメソッド

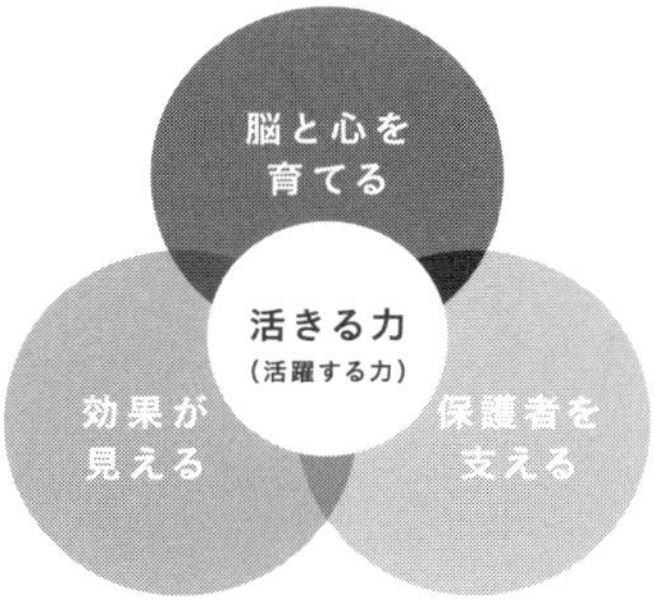

「活きる力」とは
能力を伸ばし、
活かし、活躍する力。
脳を鍛え、心を育み、
想いをかたちにするメソッド。
約30年にわたり
培ってきた進化しつづける
教育法で、子どもたちの
活きる力を最大限に
引き出します。

イード・アワード2017<幼児教室部門>
総合満足度 No.1

EQWEL チャイルドアカデミー

本社	〒543-0053　大阪府大阪市天王寺区北河堀町3-15 TEL：06-6776-4141
東京本部	〒171-0022　東京都豊島区南池袋3-13-8　ホウエイビル4階 TEL：03-6903-1711
中部本部	〒500-8429　岐阜県岐阜市加納清水町3-8-1　日本泉ビル2F-A TEL：058-275-3565
大阪本部	〒543-0053　大阪府大阪市天王寺区北河堀町3-15 TEL：06-6776-4428
九州本部	〒810-0001　福岡県福岡市中央区天神3-16-19　G-ONE TENJIN BLD.2F TEL：092-712-7677

参考文献

はじめに

『EQ　こころの知能指数』ダニエル・ゴールマン（講談社／1996年）
『「学力」の経済学』中室 牧子（ディスカヴァー・トゥエンティワン／2015年）
『幼児教育の経済学』ジェームズ・J・ヘックマン（東洋経済新報社／2015年）

第1章

『赤ちゃんの発達とアタッチメント』遠藤 利彦（ひとなる書房／2017年）
『スタンフォードの自分を変える教室』ケリー・マクゴニガル（大和書房／2012年）
『その科学が成功を決める』リチャード・ワイズマン（文藝春秋／2010年）
『鏡の法則』野口 嘉則（総合法令出版／2006年）
「プレジデントFamily（ファミリー）2016年 秋号」プレジデントFamily編集部（プレジデント社／2016年）

第2章

『「賢い子」に育てる究極のコツ』瀧 靖之（文響社／2016年）
『受験脳の作り方』池谷 裕二（新潮文庫／2011年）
「プレジデントFamily（ファミリー）2017年 秋号」プレジデントFamily編集部（プレジデント社／2017年）
『脳を活かす勉強法』茂木 健一郎（PHP研究所／2007年）
『乳幼児のための脳科学』小泉 英明、安藤 寿康、安梅 勅江、多賀 厳太郎（発行：フリーダム、発売：かもがわ出版／2010年）
『親子で育てる折れない心』久世 浩司（実業之日本社／2014年）

第3章

『幸福優位7つの法則』ショーン・エイカー（徳間書店／2011年）
『1分で大切なことを伝える技術』齋藤 孝（PHP新書／2009年）

第4章

「プレジデント 2011年3月7日号 孫正義の白熱教室」（プレジデント社／2011年）
『脳波と夢』石山 陽事（コロナ社／1994年）

『図解雑学 催眠』武藤 安隆（ナツメ社／２００１年）
『実践 ポジティブ心理学』前野 隆司（ＰＨＰ新書／２０１７年）
「プレジデントベイビー ２０１６完全保存版」（プレジデント社／２０１６年）
『将来の学力は10歳までの「読書量」で決まる！』松永 暢史（すばる舎／２０１４年）

第５章
『最高の子育てベスト55』トレーシー・カチロー（ダイヤモンド社／２０１６年）
『マインドセット「やればできる！」の研究』キャロル・Ｓ・ドゥエック（草思社／２０１６年）

第６章
『赤ちゃん学（ニュートンムック Ｎｅｗｔｏｎ別冊）』（ニュートンプレス／２０１４年）
『子供の「脳」は肌にある』山口 創（光文社新書／２００４年）
『オキシトシン』シャスティン・ウヴネース・モベリ（晶文社／２００８年）

第７章
『やり抜く力 ＧＲＩＴ』アンジェラ・ダックワース（ダイヤモンド社／２０１６年）
『脳からみた学習』ＯＥＣＤ教育研究革新センター（明石書店／２０１０年）

第８章
『愛は脳を活性化する』松本 元（岩波書店／１９９６年）
『本田家流 子育てのヒント』本田 竜一（プレジデント社／２０１３年）
『子どもが育つ条件』柏木 惠子（岩波新書／２００８年）
『脳の中の身体地図』サンドラ・ブレイクスリー、マシュー・ブレイクスリー（インターシフト／２００９年）
『メンタルウェルネストレーニングのすすめ』浦谷 裕樹、住友 大我（エコー出版／２０１１年）

おわりに
月刊『致知』２０１７年1月号（92-94頁村上恭和・元監督の記事／致知出版社／２０１６年）

子どもの未来が輝く
「ＥＱ力」

2018年10月17日　第1刷発行
2019年11月22日　第3刷発行

著　者　　浦谷裕樹
発行者　　長坂嘉昭
発行所　　株式会社プレジデント社
〒102-8641
東京都千代田区平河町2-16-1
平河町森タワー13階
https://www.president.co.jp/
https://presidentstore.jp/
電話　編集03-3237-3733
　　　販売03-3237-3731
販　売　　桂木栄一、高橋 徹、川井田美景、
森田 巌、末吉秀樹、神田泰宏、花坂 稔
装　丁　　鈴木美里
イラスト　立花章子
編　集　　金久保 徹
校　正　　株式会社ヴェリタ
製　作　　関 結香
印　刷　　大日本印刷株式会社

©2018 Hiroki Uratani
ISBN　978-4-8334-5135-2
Printed in Japan
落丁・乱丁本はお取り替えいたします。